Entdecken Sie Oberbayern!

Eine wunderschöne Landschaft, märchenhafte Schlösser und weltberühmte Kirchen werden zu einem unvergeßlichen Erlebnis

Jahr für Jahr, nachdem die Statistiker ihre Zahlen addiert haben, geben sie bekannt, was alle sowieso schon wissen, nämlich: daß Bayern das beliebteste Fremdenverkehrsland in Deutschland ist und der Regierungsbezirk Oberbayern innerhalb Bayerns die beliebteste Fremdenverkehrsregion! Wenn nicht alles täuscht, wird das noch lange so bleiben. Warum?

Die Antwort scheint einfach: Oberbayern hat die höchsten Berge, die schönsten Seen, das beste Bier und (mit München) die attraktivste Landeshauptstadt Deutschlands. Nicht zu vergessen ein paar märchenhafte Schlösser, weltberühmte Kirchen und Kunstschätze von internationalem Rang!

Aber das ist nicht die ganze Antwort. Oberbayern ist ja nicht nur die Addition von einigen Superlativen und Top-Hits. Ehrlich gesagt: Ansprüche, »das Größte, Schönste, Höchste« zu besitzen, werden hier zurückhaltend, fast widerwillig erhoben. Denn in einem Lande, wo man eher zum Understatement als zur Großsprecherei neigt, sieht man durchaus, daß z. B. die Zugspitze mit ihren 2963 m Meereshöhe zwar Deutschlands höchster Berg ist, aber die benachbarten Tiroler über zig Dreitausender verfügen.

Oder die Seen. Kann ja sein, daß sie die schönsten in Deutschland sind; es ist sogar wahrscheinlich. Damit renommiert man aber nicht. Denn an ihrer Schönheit sind nicht die Oberbayern schuld, sondern der liebe Gott oder, für die weniger Frommen, die Eiszeiten. (Mit dem Bier ist das anders. Auf das darf man sich etwas zugute halten, denn es ist Menschenwerk!)

Zurück zur Eiszeit: Als vor rund 12 000 Jahren die Gletscher zurückschmolzen, hinterließen sie im Voralpenland tiefe Rinnen und Mulden, die sich allmählich mit Wasser füllten. Mit Ausnahme des Königssees sind alle oberbayerischen Seen Relikte der Eiszeit, ebenso wie die lebhaft gewellte Hügellandschaft

Steile Felswände, kristallklare Seen, grüne Wiesen und Wälder – Lautersee mit Karwendelgebirge

zwischen München und dem Gebirge, die unsere Augen so erfreut, wenn wir sie zu Fuß, auf dem Radl oder mit dem Auto durchwandern.

Welches ist der schönste See in Oberbayern? Wer diese Frage beantworten will, kann sich auch gleich an die Quadratur des Kreises wagen. Leichter ist die Frage nach den attraktivsten Seen zu beantworten. Der Königssee bei Berchtesgaden gehört auf alle Fälle dazu. Beweis: die Beförderungszahlen der Motorschiffe, die jahraus, jahrein Hunderttausende an der Echowand vorbei nach St. Bartholomä und zurück transportieren. Ein anderer großer Publikumsmagnet ist der Chiemsee mit dem stolzen Beinamen »Bayerisches Meer«; denn er ist der größte unter seinesgleichen. Aber vielleicht ist es nicht der See, sondern das Schloß Herrenchiemsee König Ludwigs II., das »Märchenschloß« auf der Insel im See? Für Segler ist der Chiemsee in jedem Fall Spitze. Sogar Skipper von der Waterkant staunen ungläubig, wenn sich die berüchtigten Fallwinde über die nahen Berge auf den See stürzen, ihn peitschen und aufwühlen.

Zur Seenprominenz gehört auch der Tegernsee, nicht erst seit gestern. Obgleich schon lange von der Zivilisation und ihren Sünden heimgesucht und als »Lago di Bonzo« einen schillernden Ruf genießend, hat er erstaunlicherweise einigen bodenständigen Charme in die Gegenwart hinüberretten können: Es gibt noch die idyllischen Winkel und die romantischen Perspektiven und ganz gemütliche Dörfer, wo man den Trubel der Seepromenaden in Rottach-Egern oder Bad Wiessee schnell vergessen kann. Nicht zu vergessen die beiden »Naherholungs-Badewannen« der Münchner: der aristokratische Starnberger See mit seinen Erinnerungen an Ludwig II. und »Sissi« und der mehr bäuerlich veranlagte Ammersee, der viele Künstler anzieht. Beide tragen ganz entscheidend dazu bei, daß die Münchner Lebensqualität nach wie vor als unschlagbar gilt.

Und überall sind die Berge dabei, mal näher, mal ferner. Beispielsweise die elegante Nachbarin der Zugspitze, die Alpspitze hoch über Garmisch-Partenkirchen. Oder die schneidige Dreitorspitze im Wetterstein, die wuchtige Karwendelkette über Mittenwald, der Hochkalter über Ramsau und natürlich der Berchtesgadener Watzmann, der es fast mit dem Matterhorn aufnehmen kann.

Die Seen haben wir, die Berge haben wir und als Zwischenstück die einzigartige oberbayerische Voralpenlandschaft mit ihren dunklen Wäldern, ihren lichtgrünen Kuhwiesen, den Hügeln und Aussichtsterrassen vor den Bergen. Vor 1250 Jahren, als hier die ersten Klöster gegründet wurden, war das Gebiet feindselig, abweisend dicht mit undurchdringlichen Wäldern bedeckt, in denen Wolf und Bär den Menschen nach dem Leben trachteten. Was uns so idyllisch und heiter erscheint, ist ja nicht die reine Natur, sondern eine in vielen Jahrhunderten von fleißigen Menschen in mühsamer Arbeit geschaffene Kulturlandschaft. Noch heute kann man in den Forsten südlich von München kreisrunde Lichtungen sehen, in deren Mittelpunkt das Dorf liegt, von dem die Rodung ausgegangen ist.

Aus der Luft gesehen ist Oberbayern ein bunter, lebhaft gemusterter Fleckerlteppich mit dunkelgrünen Wäldern, hellgrünen Wiesen, tintenblauen Seen und lichtgrünen Kalkfelsen – und dazwischen die Farbtupfer der weißen Bauernhäuser mit ihren roten oder braunen Dächern. Dörfer und Weiler liegen über das ganze Land verstreut, von Steingaden über Krün bis Bayrischzell, von Törwang über Anger bis Bischofswiesen. Größere Siedlungen, als die stattlichen Dörfer es sind, gibt es selten in Oberbayern. Dies ist eine traditionell bäuerliche Landschaft, und sie ist bäuerlich geblieben bis weit ins 20. Jahrhundert hinein. Wohl findet sich hier und dort eine Stadt: Landsberg oder Wasserburg, Weilheim oder Rosenheim; irgendwo mußten ja die zentralen Funktionen untergebracht werden. Aber was die Bauern brauchten, waren Märkte. Die gibt es immer noch, und sie sind stolz darauf, es zu sein, ob sie Murnau oder Mittenwald heißen, Prien, Berchtesgaden oder Garmisch-Partenkirchen.

Nicht zu übersehen im Dreieck zwischen München, Pfaffenwinkel und Berchtesgadener Land sind die Bauten der römisch-katholischen Kirche. Dieses Land ist von den Klöstern geprägt und kultiviert worden vom 8. Jahrhundert an, als die ersten Mönche in die Wildnis eindrangen, bis zur staatlich verordneten Säkularisation Anfang des 19. Jahrhunderts. Oberbayern ohne Benediktbeuern und Tegernsee, Wessobrunn und Schäftlarn, Andechs und Dießen ist nicht vorstellbar. Es gibt wenige Landschaften in der christlichen Welt, in denen Klöster und Kirchen so dicht gesät sind wie hier. Weil aber Klöster und Kirchen von

Direkt an der Deutschen Alpenstraße gelegen: das Benediktinerkloster Ettal

Geschichtstabelle

800–700 v. Chr.
Das Gebiet zwischen Alpen und Main wird von keltischen Stämmen besiedelt

15 v. Chr.
Die Römer besetzen das Gebiet nördlich der Alpen bis zur Donau

5. und 6. Jh.
In das von den Römern aufgegebene Voralpenland wandern die Bajuwaren (großenteils aus Böhmen kommend) ein und gründen ein Stammesherzogtum durch die Agilolfinger (554)

788
Herzog Tassilo III., bedeutendster Bayernherzog seines Zeitalters, wird von Karl dem Großen in ein Kloster verbannt

1158
Gründung der Stadt München durch Heinrich den Löwen

1180
Wittelsbacher Herzöge regieren das Land

1255–1504
Drei große Landesteilungen (in Herzogtümer Ober-, Niederbayern und Pfalz); nach der Wiedervereinigung wird München gemeinsame Haupt- und Residenzstadt, »Perlen« wie das Berchtesgadener und das Werdenfelser Land bleiben aber in kirchlichem Besitz

1517/1550
Beginn der Reformation durch Luther; 1550 folgt die Gegenreformation, Bayern wird wieder ganz katholisch

1630
Die Schweden erobern München und verwüsten große Teile des Landes (Dreißigjähriger Krieg), den Pestepidemien dieser Zeit fallen zwei Drittel der Bevölkerung zum Opfer (zahlreiche Gelübde, etwa Oberammergau)

18. Jh.
Das große Zeitalter des bayerischen Barocks und Rokokos

1704
Besetzung des Oberlandes durch österreichische Truppen (Spanischer Erbfolgekrieg)

1705
Die Bauern erheben sich gegen die Besatzung (Sendlinger Mordweihnacht)

1803
Beginn der Säkularisation in Bayern, in deren Verlauf zahlreiche Klöster enteignet und aufgelöst werden; im Wiener Kongreß, der die Napoleonischen Kriege beendet, erhält Bayern auch im Süden seine endgültigen Grenzen

1825–1848
Regierungszeit König Ludwigs I. (bauliche Neugestaltung Münchens)

1864–1886
Regierungszeit König Ludwigs II. (Bauherr der Königsschlösser)

1918
Abdankung des letzten Wittelsbacher-Königs (Ludwig III.)

1949
Der Freistaat Bayern, größter Flächenstaat der Bundesrepublik und des wiedervereinigten Deutschland, konstituiert sich

der Kunst nicht zu trennen sind, kann man auch sagen: In wenigen Regionen der Welt ist die bildende Kunst den Menschen so nahe gebracht worden wie hier in Oberbayern.

Das gilt für alle Jahrhunderte des Mittelalters und der beginnenden Neuzeit. Erstaunlicher- und letzten Endes unerklärlicherweise aber kommt es im 18. Jh. zu einer einzigartigen Steigerung, ja Explosion aller künstlerisch kreativen Kräfte. Ein wahrer Rausch erfaßt das Land: Selbstherrliche Barockprälaten, geniale Architekten und Maler, geschickte Allround-Dekorateure, Stukkateure, Bildschnitzer, Vergolder, Kunstschmiede sowie ein Heer von hochmotivierten Arbeitskräften erfinden, planen, konstruieren und schaffen Gesamtkunstwerke im bayerischen Rokokostil. Die Kirchen in der Wies, in Rott am Inn und anderswo sind Kostbarkeiten, deren Rang und Bedeutung nicht mehr übertroffen werden können. Unzählige Dorfkirchen und Kapellen bezeugen diese einmalige Schaffenskraft, der eifernde Frömmelei und Bigotterie gänzlich fremd sind. Das beweisen die farbenfrohen Lüftlmalereien in Oberammergau und Mittenwald ebenso wie manche »weltliche« Entgleisung im jubilierenden Prunk der Klosterkirchen – erst recht natürlich die höfischen Produkte des Rokokos wie zum Beispiel das Cuvilliés-Theater in der Münchner Residenz und die Amalienburg im Nymphenburger Schloßpark.

Damit wären wir bei den Menschen, den kernig-konservativen, bodenständig-lebensfrohen, diesseitig-schlitzohrigen Oberbayern. Kein Zufall, daß überall in der Welt, wo von Bayern die Rede ist, man weniger an Franken oder Schwaben, an die Altmühl oder den Bayerischen Wald denkt, sondern zuerst einmal an dieses Dreieck zwischen München und dem bayerischen Hochgebirge. Das Bild, das die meisten sich von ihm machen, ist allerdings recht einseitig: Da zeigen sich Lederhosen-Seppls mit Gamsbarthüten, die bei strammen Dirndln mit offenherzigen Miedern fensterln. Da werden Maßkrüge geschwenkt, wird gejodelt und geschuhplattelt, daß die Wände wackeln. Da erscheint ganz Oberbayern wie ein einziger zoologischer Garten, in dem lauter kuriose, drollige, einfältige, irgendwie vom Aussterben bedrohte Lebewesen zu besichtigen sind.

Überflüssig zu sagen, daß dem nicht so ist. Die Oberbayern lassen es sich zwar gern gefallen, daß man sie für rückständig hält (und haben manchen Gutgläubigen auf diese Weise schon sauber ausgetrickst). Tatsächlich sind sie durchaus auf der Höhe der Zeit, nicht selten sogar vornedran. Aber auch als Nobelpreisträger, Raumfahrtmanager oder High-Tech-Ingenieure sitzen sie gern am Stammtisch im Wirtshaus von Hintertupfing und »dischkurieren« über den Euro und die Bierpreise. Das ist auch die Erklärung dafür, daß es in Oberbayern noch immer so wenige Fastfood-Abfütterungsstellen gibt, daß man hier noch immer ebenso gern in den Biergarten geht wie in die Diskothek und daß die Touristen noch lange vergeblich nach einem Disney-Park suchen werden. Hoffentlich.

T.S.V.
1910
MARQUARTSTEIN
FREIWILLIGE
FEUERWEHR
MARQUARTSTEIN

Vom Bier bis zu den Wittelsbachern

Ob kulinarische, ob kulturelle Genüsse, von allem gibt es reichlich

Benediktinerklöster
Benediktinermönche waren die ersten, die Oberbayern missioniert und (im schlichtesten landwirtschaftlichen Sinn) kultiviert haben. Benediktbeuern ist um 740, angeblich von Bonifatius selbst, gegründet worden, Schäftlarn, Wessobrunn und Tegernsee folgten wenige Jahre später. 782 soll der Agilolfinger-Herzog Tassilo III. das Benediktinerinnenkloster auf der Fraueninsel im Chiemsee gegründet haben. Jahrhundertelang waren die Klöster wirtschaftliche Zentren, Bildungsstätten und Hochburgen der Kultur im Lande. Das »Wessobrunner Gebet«, eines der ältesten Zeugnisse deutscher Sprache, die »Carmina Burana«, eine einzigartige Liedersammlung (Benediktbeuern, von Carl Orff 1936 vertont), und der »Ruodlieb«, das erste deutschsprachige Ritterepos (Tegernsee), sind nur einige Beispiele aus der Kulturgeschichte. Später erlebten die Klöster auch schwierige Zeiten. Aber erst mit der Säkularisation der Jahre 1802/1803 ging ihre Tradition zu Ende.

Jedes Dorf hat seinen Maibaum; ist er von den Burschen des Nachbarortes entführt worden, ist als Lösegeld ein Faß Bier fällig – die Größe ist Verhandlungssache

Bier
In Bayern wird nach wie vor mehr Bier gebraut und getrunken als in jedem anderen Land der Welt. Noch gilt hierzulande das ebenso berühmte wie segensreiche »Reinheitsgebot« des Herzogs Albrecht IV. von Niederbayern mit dem entscheidenden, vielzitierten Satz: »Ganz besonders wollen wir, daß fortan allenthalben... zu keinem Bier mehr Stücke als allein Gerste, Hopfen und Wasser verwendet und gebraucht werden sollen!« Über 500 Jahre lang hat das Reinheitsgebot in Bayern gegolten. Nun ist es von der Europäischen Kommission in Brüssel ins Visier genommen worden, im Zuge des Abbaus der Handelsschranken. Mit welchen Folgen, darüber wird an den oberbayerischen Wirtshaus-Stammtischen noch heftig diskutiert werden müssen.

Der Blaue Reiter

Die berühmteste und folgenreichste deutsche Künstlervereinigung ist 1911 in München und Murnau gegründet worden: von Wassily Kandinsky, seiner zeitweiligen Lebensgefährtin Gabriele Münter und Franz Marc. Treffpunkt und Arbeitsplätze im Voralpenland waren Murnau (Russenhaus) mit dem Staffelsee und dem Moos, Sindelsdorf, Ried bei Kochel und Kochel selbst. Im Murnauer Gabriele-Münter-Haus sind Erinnerungen an die Blütezeit des Blauen Reiters zu sehen, eine Auswahl sehr schöner Bilder hängt in der Städtischen Galerie im Münchner Lenbachhaus.

Deutsche Alpenstraße

Querverbindung entlang dem nördlichen Alpenrand zwischen Bodensee und Königssee, Lindau und Berchtesgaden. Stationen an ihrem Weg sind u.a. Oberammergau, Garmisch-Partenkirchen, Rottach-Egern, Bayrischzell, Reit im Winkl, Inzell. Die Alpenstraße ist 450 km lang, aber nicht durchgehend ausgebaut. Die Teilabschnitte zwischen Wallgau und Fall sowie Bayrischzell/Tatzelwurm und Inntal sind nur auf mautpflichtigen Forststraßen befahrbar. Mit ihrem Ausbau ist aus ökologischen Gründen nicht mehr zu rechnen.

Der Föhn

Zugegeben, er ist kein typisch bayerischer Gegenstand. Aber in Oberbayern tritt er nachweislich öfter auf als überall sonst in Deutschland, und mehr als die Münchner leiden nur noch die Innsbrucker an diesem laut Lexikon »warmen, trockenen und böigen Fallwind an der Nordseite der Alpen«. Begleitet wird er häufig von guter Fernsicht, watteförmigen Wolken am stahlblauen Himmel und menschlichen Reaktionen, die sich zwischen schlichten Kopfschmerzen, hysterischen Nervenzusammenbrüchen, chaotischen Verhaltensweisen und Aggressivität vor allem unter Autofahrern äußern. Das schlimmste am Föhn ist, daß Alteingesessene stärker unter ihm leiden als Neuzugereiste, was den verwurzelten Oberbayern noch schmerzlicher berührt als sein föhnbedingt brummender Schädel.

Ludwig Ganghofer

Der ungemein fruchtbare Schriftsteller ist zwar im schwäbischen Bayern geboren, hat aber vor allem in München und Oberbayern gelebt. Die Spuren seiner Romane lassen sich quer durch das bayerische Alpenland verfolgen, vom »Herrgottsschnitzer von Oberammergau« über den »Jäger von Fall« bis zur »Martinsklause« und zum »Klosterjäger«. Was man auch gegen seine naiv-idealisierende Darstellung sagen mag – bei vielen Menschen nördlich der Mainlinie haben seine Romane die Liebe zu Oberbayern und den Wunsch, es kennenzulernen, erst geweckt.

Der Grant

Diese ungute Gemütsverfassung mag es auch anderswo geben. Doch allein in Bayern ist sie zu einem wesentlichen Bestandteil, ja zu einer »Tugend« des Stammescharakters hochstili-

Eine Mordsgaudi: Floßfahrten auf der Isar

siert worden. Der gestandene Alt- und Oberbayer liebt seinen Grant und fühlt sich in diesem Zustand ausgesprochen wohl. Doch gibt er das nicht zu und wünscht vor allem nicht, von ihm befreit zu werden.

Die Isar

Mit Ausnahme ihres 15 km langen Oberlaufes im Tiroler Karwendeltal ist die Isar ein durch und durch bayerischer Fluß, speziell oberbayerisch von der Grenze bei Mittenwald bis hinter Moosburg. Gesamtlänge bis zur Mündung in die Donau bei Deggendorf: 263 km. Kelten und Römer haben sie »die Reißende« genannt; in München wird die Isar als »die Grüne« besungen.

Ihrer Natur nach ist die Isar ein ungebärdiger Alpenfluß und deshalb auch nie in nennenswertem Umfang schiffbar gewesen. Nur Flöße hat sie geduldet. Jahrhundertelang war die Flößerei mit Gütern und Personen bedeutend, vor allem zwischen Mittenwald, Tölz und München. Zeitweise gab es sogar Floßverkehr zwischen München und Wien. Mittlerweile ist die Isar weitgehend gebändigt worden, vor allem nördlich von München, und muß ihr Wasser auch zur Stromerzeugung herleihen. Das Walchensee-Kraftwerk und der Sylvenstein-Stausee sind die folgenreichsten Veränderungen des Isarlaufes. Als Naturreservat sind Teile des Isartales zwischen Wolfratshausen und München erhalten geblieben.

König Ludwig II.

Der bayerische »Märchenkönig« (1845–1886) ist weltweit sicher der prominenteste Bayer, den das Land hervorgebracht hat. Diese Berühmtheit geht in erster Linie auf das Konto der »Königsschlösser«, heute die meistbesuchten Touristenattraktionen des Landes: Neuschwanstein bei Füssen (an der Grenze zwischen Schwaben/Allgäu und Oberbayern), Linderhof und Herrenchiemsee. Ihretwegen hat der König sich und sein Königreich tief verschuldet (und damit letztlich sich selber um Krone und Leben gebracht). Doch längst füllen die

Das kleinste von Ludwigs II. Schlössern ist Linderhof

Eintrittsgelder die Kassen des Freistaates Bayern auf die willkommenste Weise.

Ungeachtet seiner Schwächen und seiner Menschenscheu wurde Ludwig II. zwar nicht in der Hauptstadt München, doch von seinen Untertanen vor und in den bayerischen Bergen verehrt und geliebt. Er hatte ja außer seinen Schlössern noch einfachere stadtferne Refugien: am Walchensee und auf dem Schachen. Seine nächtlichen Fahrten dorthin und seine geheimen Aufenthalte ließen in der ländlichen Bevölkerung einen Kranz von verehrungsvollen Legenden entstehen, die zum Teil noch heute im Umlauf sind. Jung, schön und unglücklich lebt der Märchenkönig in der Erinnerung fort, obgleich er gegen Ende seines Lebens diesem idealisierten Bild gar nicht mehr entsprach. Aber es erscheinen immer wieder Bücher, deren Autoren versuchen, für seinen mysteriösen Tod im Starnberger See im Jahr 1886 die unwiderlegbare ultimative Erklärung zu finden.

Der Maibaum

»Ein echtes bayrisch Dorf muß einen Maibaum haben...« lautet ein Gedicht, das früher jedes Kind im Lande auswendig lernen mußte. Auch wenn das heute nicht mehr der Fall ist: Der Brauch, einen Maibaum »treu dem alten Brauch« aufzustellen und auszuschmücken, ist immer noch lebendig. Und der Brauch, daß die Burschen eines Dorfes den zum Aufrichten bereitliegenden Maibaum des Nachbardorfes zu »stehlen« versuchen, wird von beiden Parteien ernster genommen als jedes Fußballspiel. Die eigentliche Tradition des Maibaumes leitet sich vom »Freiheitsbaum« ab, mit dem das bürgerliche Frankreich nach der Revolution das neugewonnene Selbstbewußtsein demonstrieren wollte.

Nationalpark Berchtesgaden

Das 20 800 ha große Schutzgebiet in den Berchtesgadener Alpen umfaßt den Süden und den Südwesten des Berchtesgadener Landes mit Königssee, Watzmann, Hochkalter sowie Teile des Hohen Gölls, des Hagengebirges, des Steinernen Meeres und des südöstlichen Reitergebirges (Reiter Alpe). Hauptziele des Nationalparks sind: die Landschaft zu sichern, die natürlichen Lebensgemeinschaften sowie eine möglichst artenreiche Flora und Fauna zu erhalten und wissenschaftlich zu beobachten sowie das Gebiet der Bevölkerung zu Bildung und Erholung zu erschließen. Der 1974 von der Bayerischen Staatsregierung eingerichtete Nationalpark leidet darunter, daß er touristisch außerordentlich attraktiv ist und deshalb immer wieder Kompromisse zu Lasten der Natur erforderlich sind.

Oberbayern, Land und Leute

Der Regierungsbezirk dieses Namens ist mit 17500 qkm Fläche und über 3,7 Mio. Einwohnern (von ihnen etwa 1,3 Mio. Münchner) der größte unter den sieben Bezirken des Freistaates Bayern, flächenmäßig sogar größer als das Bundesland Schleswig-Holstein und mehr als halb so groß wie Nordrhein-Westfalen. Obgleich auch Landschaften und Orte nördlich von München ihre Reize haben, versteht die Mehrzahl der Besucher unter Oberbayern die seen- und moränenreiche voralpine Bilderbuchlandschaft zwischen München und der österreichischen Staatsgrenze, wo die Zugspitze (2963 m) bei Garmisch und der Watzmann (2713 m) bei Berchtesgaden die markanten Höhepunkte bilden. Dieses Oberbayern ist traditionell landwirtschaftlich geprägt, doch tragen mittlerweile auch eine expandierende, saubere High-Tech-Industrie sowie vor allem ein florierender Tourismus (rund 7 Mio. Touristen jährlich) zum Wohlstand der Bevölkerung bei.

Die Oberbayern und die Niederbayern sind »Altbayern«, das heißt, sie sind – so die vereinfachende historische Theorie – im 6. Jh. von Norden und Osten her eingewandert und haben sich im östlichen Alpenraum mit Kelten und Romanen vermischt, die nach dem Zusammenbruch des Römischen Reiches im Lande geblieben waren. Seither seßhaft und weitgehend unter sich geblieben, haben sie einen starken Stammescharakter und eine kraftvolle Sprache entwickeln können, auf die sie mit Recht stolz sind. Als vorwiegend bäuerlich geprägten Menschenschlag darf man sie für konservativ, realistisch-nüchtern, dickköpfig, grob-geradeheraus halten, ohne sie zu kränken, was aber nicht ausschließt, daß sie auch liberal, humorvoll, hinterfotzig (nicht so schlimm wie heimtückisch) und großzügig sein können. Ihre ausgeprägte musische Begabung konzentriert sich weniger auf die Literatur als auf Musik und bildende Künste. Das Talent, sich selbst auf den Arm zu nehmen, wird überall da mißbraucht, wo die Oberbayern den »Ausländern« die Depp'n und Seppl'n vorspielen, also auch auf den für Touristen inszenierten Folkloreveranstaltungen und Heimatabenden.

Das Rokoko

Alle großen Kunststile sind in Oberbayern mit guten und hervorragenden Beispielen vertreten. Doch wohl kein Stil entspricht der Mentalität der hier ansässigen Menschen so vollkommen wie das Rokoko. So gilt auch das 18. Jh. unbestritten als Höhepunkt der Kunst in München und Oberbayern. Als spielerische Weiterentwicklung des gewichtigen, international renommierten Barocks begegnet es uns im weltlich-höfischen Rahmen (Nymphenburg, Cuvilliés-Theater) wie im sakralen Bereich (Wieskirche, Dießen, Rott am Inn). Typisch sind die verschwenderische Farben- und Formenpracht, die zierliche Ornamentik, die Rocaille-Muschelformen und – in der angestrebten Wirkung – die Auflösung der räumlichen Grenzen durch Licht- und Farbeffekte.

Die Seen

Ihren spezifischen Charme verdankt die oberbayerische Bilderbuchlandschaft den Eiszeitgletschern, deren Moränen das hügelige Voralpenland formten und deren Schmelzwasser sich in über 100 Seen sammelten. Mit 80 qkm ist der Chiemsee der größte unter ihnen, gefolgt vom Starnberger See und vom Ammersee. Wegen ihrer warmen Wassertemperaturen sind besonders die Moorseen wie der Staffelsee und der Waginger See beliebt. Unter den Bergseen die höchsten, also auch die kältesten sind die Soiernseen (1600 m) oberhalb von Mittenwald.

Ludwig Thoma

Fast so etwas wie der Nationaldichter der Oberbayern. Die Stationen seines Lebens (1867 bis 1921) verteilen sich über das ganze Land: Oberammergau, Vorderriß, Prien, Seebruck am Chiemsee, Dachau, Tegernsee, Miesbach – und natürlich immer wieder München, wo er nicht nur (Jura) studiert, sondern auch mit seinen Stücken die Bühnen erobert hat. In unvergleichlicher Weise hat er es verstanden, bayerischen Bauern wie Beamten aufs Maul zu schauen und mit feinem Sprachgefühl Charaktere zu schaffen, denen man heute noch in jeder Amtsstube, an jedem Wirtshaustisch zu begegnen meint.

Trachten

Sie werden in Oberbayern noch mehr als in den anderen Regierungsbezirken des Landes getragen. In den Dörfern im Gebirge und im Voralpenland kann man sie sehen: beim Kirchgang, auf Hochzeiten und anderen Festen. Die Trachten der einzelnen Landschaften – Berchtesgaden und Bad Tölz, Werdenfelser Land und Tegernsee, Chiemgau und Bayrischzell – unterscheiden sich deutlich voneinander. Gemeinsam ist ihnen, daß sie wunderschön anzusehen und, zumindest die weibliche, sehr kostspielig sind. Seit Jahrzehnten gibt es eine gegenläufige Entwicklung: Auf der einen Seite ziehen sich die jungen Leute auf dem Lande mehr und mehr modisch-städtisch an. Auf der anderen Seite werden die Trachtenvereine aktiver in ihrem Bemühen, der Tracht wieder mehr Anhänger zu gewinnen.

Wandern

Wanderwege gibt es überall, wo ein Fremdenverkehrsverein aktiv ist und Wegweiser aufgestellt hat. Eine Spezialität jüngeren Datums sind aber die Fernwanderwege. Innerhalb von Oberbayern der bekannteste ist der »König-Ludwig-Weg«. Die 110 km lange Strecke beginnt in Berg am Starnberger See, führt durch das Ammersee-Gebiet und den Pfaffenwinkel und endet in Füssen (Hohenschwangau). Daher der Name. Andere Wanderwege: der »Lech-Höhenweg« von Landsberg den Lech entlang nach Füssen, 120 km; der »Prälatenweg«, der im Ostallgäu (Marktoberdorf) beginnt und parallel zu den Bergen ins Tölzer Land führt; der »Salinenweg« schließlich, der im Gebiet Berchtesgaden/Bad Reichenhall/Inzell die historischen Soleleitungen begleitet.

Der Watzmann

Das nach ihm benannte Massiv ist so unverkennbar einmalig, daß es zum Wahrzeichen der ganzen Landschaft geworden ist. Was wäre Berchtesgaden ohne den Watzmann – unvorstellbar! Die Sage berichtet von einem jagdbesessenen König, der wegen seiner Grausamkeit samt seiner Familie zu kaltem Fels erstarrt sei, und nun stehen sie da: der Watzmann mit der Watzmannfrau ihm gegenüber (Kleiner Watzmann) und die kleineren Spitzen der fünf Kinder zwischen den beiden. Zum vierthöchsten Berg (2713 m) auf deutschem Boden gehört die 1800 m hohe Ostwand, eine der höchsten und lange Zeit als besonders gefährlich geltenden Wände der Ostalpen. Den Versuch, sie zu durchsteigen, haben bisher 86 Kletterer mit dem Leben bezahlt.

Die Wittelsbacher

Die ursprünglich sehr machtbewußte Dynastie erhielt im Jahr 1180 von Kaiser Friedrich Barbarossa die bayerische Herzogswürde und herrschte – als Herzöge, Kurfürsten, Könige – bis zum Jahr 1918 über Bayern, wobei es einige merkwürdige Erbsprünge in der Dynastie gab, die man nicht zu genau unter die Lupe nehmen sollte. Die Wittelsbacher waren keine besseren Menschen als die Angehörigen anderer Herrscherhäuser. Doch spätestens vom 18. Jh. an haben sie eine Reihe von Regenten hervorgebracht, deren herausragende Eigenschaften friedliche Gesinnung und Kunstverstand waren. Deshalb hat das Haus Wittelsbach im bayerischen Volk und speziell bei den Oberbayern nach wie vor eine gute Presse, und als Prinz Albrecht, Luitpold oder Ludwig kann man sich heute auf jeder Party in München mit Anstand sehen lassen.

Herzstück ist der Schweinsbraten

Aber auch andere Speisen Oberbayerns sind ein Genuß – besonders wenn man es deftig liebt

Wer sich davon überzeugen will, daß München eine weltoffene Stadt ist, braucht nur über den Viktualienmarkt zu gehen. Anschaulicher als hier kann man die einzigartige Mischung aus bäuerlicher Bodenständigkeit und gelassener Internationalität nicht erfahren, die München zur beliebtesten Stadt Deutschlands hat werden lassen. Da stapeln sich Gemüse und Früchte aus aller Herren Ländern, Kiwi, Papaya und Peperoni konkurrieren mit Pyramiden von rotbackigen Äpfeln aus Südtirol und Williamsbirnen aus dem Wallis. Da duften Kräuter und Gewürze, türmen sich Berge von Butter, Eiern, Käse. Der Viktualienmarkt ist auch noch ein echter Bauernmarkt, auf dem die Erzeuger aus dem Rottal oder dem schwäbischen Ries ihre Produkte anbieten, deren Stammkundschaft genau weiß, bei wem sie wann ihre Spargel, Krautköpfe und Kartoffeln einkaufen muß.

Jeder Gasthof bietet eine deftige Brotzeit mit Wurst, Geräuchertem, Brot und Bier

Fehlt noch was? Natürlich: die Metzger, Wild- und Geflügelhändler in den kleinen Buden nahe dem Marienplatz, die Fischhändler an der Westenriederstraße, der Biergarten, die Freibank, der Maibaum, die Lokale und Cafés am Rande … Man braucht nur einmal eine halbe Stunde mit wachen Sinnen hier verbracht zu haben, um zu lernen, daß Essen und Trinken in Bayern wichtig genommen und bewußt genossen sein wollen.

Essen

Herzstück einer oberbayerischen Gasthaus-Speisenkarte ist seit eh und je der Schweinsbraten – wer Schweinebraten sagt, verrät sich als unangepaßter Preiß'. Aber auch Schweineschnitzel, Schweinshaxen und Schweinswürste fehlen auf kaum einer ländlichen Speisenkarte, denn das Schwein gilt nun einmal als das dem Herzen der Bayern am nächsten stehende Haustier. Fleisch überhaupt ist wichtig. So findet Rindfleisch ebenfalls großen Zuspruch, sei es als Tellerfleisch, das zart und bißfest sein muß und mit Meerrettich (Kren) serviert wird, als Bifflamott (kellnerinnenbayerisch für Bœuf à la mode) oder als gekochte Ochsenbrust. Die Rinderbrühe ist selbstverständlich nicht zu vergessen. Ohne eine kräftige Suppe, mit oder ohne Einlage, ist im Bayerischen eine Mahlzeit nicht vollständig.

Wem das Schwein zu ordinär ist, der hält sich an das Kalb, das die Speisenkarten als Kalbsnierenbraten oder gefüllte Kalbsbrust anbieten, wenn es für ein paar Mark mehr sein darf. Als klassischer altbayerischer Festschmaus genießt die Kalbshaxe hohes Ansehen. Am besten schmeckt sie gekocht und abgebräunt, inwendig also weich, außen knusprigrösch, begleitet von Kraut-, Kartoffel- oder grünem Salat.

Die beliebteste Beilage zum Fleisch ist der Knödel, vorwiegend Semmel- und Kartoffelknödel. Beide sind sehr anpassungsfähig. Und so paßt ein Semmelknödel ebenso zu einem vornehmen Wildgericht wie zum einfachen Lüngerl und der Kartoffelknödel zum schlichten Schweinsbraten wie zur elitären Entenbrust.

Fisch- und Wildgerichte werden heute von fast jeder Gastwirtschaft in Oberbayern angeboten. Neben der Forelle gehört die Renke zu den verbreitetsten Fischen im Voralpenland. Seltener und entsprechend kostbarer ist der Saibling, ein Lachsfisch aus bester Familie, der sich nur in klarem, kaltem Wasser wohl fühlt. Seine bevorzugten Lebensräume in Oberbayern sind also der Königssee und der Walchensee. In den besseren Lokalen an deren Gestaden findet man ihn denn auch am ehesten.

Wer sich im Umkreis der großen Jagdreviere aufhält, etwa im Berchtesgadener Land, in den Chiemgauer Alpen, zwischen Schliersee und Bayrischzell, im Isarwinkel oder im Karwendelgebirge, sollte nicht versäumen, nach Wildgerichten zu fragen! Ob Rehschlegel, Hirschragout, Gamskeule, Frischlingsrücken: Wildrezepte sind hierzulande oft phantasievoller als die eher einfach zubereiteten Fischgerichte. Nur bei den Beilagen tun die Küchenchefs oft des Guten zuviel.

Eine Rolle von nicht zu unterschätzender Bedeutung spielen in Oberbayern die »Schmankerl«, denen man sich traditionsgemäß in den Zeiten zwischen den Mahlzeiten widmet. Unangefochtene Stars sind dabei die Weißwurst, die vormittags dominiert, und der Leberkäs, dessen Hochkonjunktur eher in den Nachmittag fällt. Die Weißwurst umgibt sich mit der strengsten Etikette. Sie darf nur stückweise, nicht paarweise bestellt werden, soll das Zwölfuhrläuten nicht hören, weil dann das Kalbsbrät nicht mehr frisch genug ist, und darf keinesfalls über die Längsachse »geschlachtet« werden. Kartoffelsalat oder Sauerkraut als Beilagen sind eine tödliche Beleidigung für sie; erlaubt sind lediglich süßer Senf, eine Brezen oder ein Kümmelwekken und natürlich ein Bier, tunlichst Weißbier.

Andere Schmankerl tauchen allmählich wieder aus der Versenkung auf – zumindest in solchen Gaststätten, die sich um die Erneuerung der regionalen Küchentraditionen bemühen. Einige der besten Restaurants in

Oberbayern, die von den internationalen Gastronomieführern entsprechend gewürdigt werden, haben diese Entwicklung mit in Gang gesetzt – von Schuhbecks *Kurhausstüberl* in Waging am See bis zu Hubers *Tonihof* in Eschenlohe. Zu diesen Schmankerln gehören vor allem die kleinen warmen Gerichte, die man in Altbayern »Voressen« nennt, etwa gebratenes Hirn, saures Lüngerl, Briesmilzwurst, geröstetes Schweinsherz, Spanferkelleber oder Kutteln. Freilich, nur wenn sie mit Sorgfalt zubereitet werden, können sich ihre speziellen geschmacklichen Reize voll entfalten.

Zu den Schmankerln zählen natürlich auch die Würste. Selbst wenn deren Vielfalt in Oberbayern nicht so groß ist wie in Franken oder Thüringen, kann man überall wählen zwischen Regensburger und Lyoner, Kalbsbrat-, Schweins- und Wollwürsten. Schließlich, an warmen Tagen besonders geschätzt: der Preßsack, schwarz oder weiß, der »sauer« mit Essig, Öl und viel Zwiebeln angerichtet wird, die Bratensulz mit Röstkartoffeln, der Wurstsalat (echt nur, wenn aus Regensburgern zusammengeschnitten) und der Ochsenmaulsalat. Unter den Käsen, die man in Oberbayern gern zwischendurch zu sich nimmt, ist der Obatzte am verbreitetsten, der aus Camembert, Butter, Kümmel, Paprika und gehackter Zwiebel zusammen»gebatzt« wird. Ein herzhaft stinkender Käse ist der Andechser, und natürlich paßt er besonders gut zu dem in Andechs getrunkenen Andechser Bier.

Gehören untrennbar zusammen: Weißwürste und süßer Senf

Trinken

Und damit zum Bier, dessen führende Stellung in den zahlreichen Gasthäusern Oberbayerns nach wie vor unangefochten ist und das mittlerweile auch in den feinsten Gourmettempeln ausgeschenkt wird. Schon im Jahr 1040 ist dem Benediktinerkloster Weihenstephan bei Freising das erste Braurecht in Deutschland zuerkannt worden, weshalb geschichtsbewußte Bayern das Weihenstephaner immer noch an die Spitze aller Biere im Lande stellen.

Das typische bayerische Bier ist mild gehopft und betont den zarten Malzgeschmack. Dunkles Bier wird allmählich wieder mehr verlangt. Überall ist das Weizen- oder Weißbier zu haben, das besonders an heißen Sommertagen, zum Frühschoppen und nach durchzechten Nächten geschätzt wird. Zur Zeit wird es gern hefetrüb, also unfiltriert, bestellt, was vermutlich auf die anwachsende Bio-Welle zurückzuführen ist. Ebenfalls im Vormarsch: alkoholfreies Bier, das selbst an den konservativsten Stammtischen schon gesichtet worden ist!

Trachtenmoden und Handwerkskunst

Typische Mitbringsel und Souvenirs aus dem weiß-blauen Land

Mitbringsel machen wohl am meisten Freude, wenn sie sich ge- oder verbrauchen lassen. So kann man einem lieben Menschen ein Kistchen mit Andechser, Tölzer oder Rosenheimer Bier mitbringen oder, wenn er das mag, einen Enzianschnaps aus Berchtesgaden, einen Klosterlikör aus Ettal. Hübsche, handliche Bierseidel aus Steingut (»Halbe-Krügerl«) gibt es überall, wenn's etwas mehr kosten darf, mit Zinndeckel (unter dem das Bier länger frisch bleibt). Je einfacher, desto schöner. Das gilt auch für mundgeblasene Schnapsgläser, »Stamperl« genannt, deren edelste aus der traditionsreichen Glasbläserei Freiherr von Poschinger stammen.

Dauerhaftere, auch aufwendigere Souvenirs sind Kleidungsstücke und Zierat aus dem Trachtengeschäft. Männer seien allerdings davor gewarnt, sich mit riesigen Gamsbärten oder prunkvollen Charivari-Ketten zu schmücken. Diese gelten als Symbole männlicher Kraft und wirken leicht lächerlich. Wesentlich kleidsamer sind gestrickte Strümpfe oder Jacken, Leinenhemden, Trachtenröcke und die beliebten Walkjanker aus distelgekämmter Schafwolle. In allen größeren Orten Oberbayerns gibt es Trachtenmodengeschäfte, in denen sich für jeden Geldbeutel Geschmackvolles findet.

Klein, aber fein sind die häufig in Trachtenläden oder in Blumengeschäften angebotenen duftenden Gebinde in symbolhafter Zusammenstellung: Nelken und Muskat bringen den Frohsinn ins Haus, Weinbeeren und Mandeln schützen vor Krankheit – und das Pfefferkorn würzt den Ehestand!

Auf Liebhaber üben die zahlreichen Läden voller rustikaler Antiquitäten einen unwiderstehlichen Reiz aus. Die Auswahl an Melkschemeln, Kuhglocken, Pferdehalftern, Heugabeln und allerlei schmiedeeisernen Gerätschaften ist groß, und irgendwie kommt auf rätselhafte Weise immer wieder neues »Altes« nach!

Früher Zubrot armer Bergbauern, heute als Kunsthandwerk begehrt: handgeschnitzte Holzarbeiten

Oktoberfest und Ritterspiele

O' zapft auf der Wies'n wird im September – doch gefeiert wird das ganze Jahr

OFFIZIELLE FEIERTAGE

1. Jan. *Neujahr*
6. Jan. *Heilige Drei Könige*
März/April *Karfreitag, Ostermontag*
1. Mai *Tag der Arbeit*
Mai/Juni *Christi Himmelfahrt, Pfingstmontag, Fronleichnam*
15. Aug. *Mariä Himmelfahrt*
3. Okt. *Tag der Deutschen Einheit*
1. Nov. *Allerheiligen*
25./26. Dez. *Weihnachten*

FESTE UND ÖRTLICHE VERANSTALTUNGEN

Fasching (Jan.–März)
Beginnend am Tag nach den *Heiligen Drei Königen* (6. Jan.) bis zum Faschingsdienstag (Karneval) ist Faschingszeit, mit »Hausbällen«, Festbällen und Privatfesten. Vereine, Institutionen, Berufsverbände feiern ihren Ball. Unter freiem Himmel wird nur ausnahmsweise gefeiert, so in *München* auf dem *Viktualienmarkt* und dem *Marienplatz* und bei den Skifahrern auf der *Firstalm* im *Spitzinggebiet* (Faschingssonntag).

Weltbekannte Attraktion: das Oktoberfest in München

Winteraustreibungsfeste (Ostermontag)
Zu Ehren des Drachentöters und Roßpatrons St. Georg findet in der Gegend um *Traunstein* der *Georgiritt* zur Ettendorfer Kirche statt. Krönender Abschluß ist in jedem Jahr ein mittelalterlicher *Schwertertanz* auf dem Stadtplatz von *Traunstein.*

Internationale Jazzwoche (März)
Nicht gerade oberbayerntypisch, aber von Jahr zu Jahr erfolgreicher: ★ die *Jazztage* in *Burghausen* gegen Ende März.

Musikalischer Frühsommer (Mai–Mitte Sept.)
Festliche Konzertveranstaltungen im Schloß- oder Klostermilieu. In *Schäftlarn* und *Benediktbeuern,* in der *Wies* und in *Polling,* in *Nymphenburg* und *Schleißheim* wird von Monteverdi und Purcell bis Orff und Henze klassische Musik rauf und runter dargeboten. Besonders konzentriert wird in den Kirchen des Pfaffenwinkels und beim »Musiksommer zwischen Inn und

Salzach« musiziert, u. a. auf ★ *Schloß Amerang* im bezaubernden Arkadenhof, in der *Klosterkirche Baumburg,* auf *Schloß Hohenaschau,* in der *Klosterkirche Seeon.* Im Geburtsort ihres Idols, *Garmisch-Partenkirchen,* kommen Richard-Strauss-Fans bei den *Richard-Strauss-Tagen* im Frühsommer schon früher und preiswerter auf ihre Kosten.

Sommerliche Ritter- und Festspiele (Juli)
Eine pfiffige und einträgliche Idee gebar Seine Königliche Hoheit Prinz Luitpold von Bayern mit der farbenprächtigen und vitalen Inszenierung der ★ *Kaltenberger Ritterspiele* im Juli auf seinem Schloß Kaltenberg bei Geltendorf: Show-Time in Oberbayern! Ganz in der bäuerlichen Tradition dagegen stehen die *Kiefersfeldener Ritterspiele.* Was im Juli und im Aug. an der bayerisch-tirolerischen Grenze bei Kufstein zur Aufführung gebracht wird, entfloß durchweg der Feder des »Bauern-Shakespeare« Josef Schmalz und entzückt heute noch die Besucher. Zum oberbayerischen Festsommer gehören selbstverständlich die *Münchner Opernfestspiele* und die *Salzburger Festspiele,* letztere zwar jenseits der Landesgrenze, doch in die oberbayerische Touristensaison integriert.

See- und Waldfeste (Juli–Aug.)
Wenn in ganz Oberbayern kein Bett mehr zu haben und jeder Wirtshausstuhl besetzt ist, feiert jeder Ferienort manchmal auch an mehreren Wochenenden hintereinander sein Sommerfest. Am prächtigsten geht es dabei in den Seeorten zu, weil das Seefest dort mit einem Brillantfeuerwerk, einer Bootsprozession oder einem Fischerstechen angereichert werden kann. Orte, die keinen See zur Verfügung haben, veranstalten Waldfeste, und da fließt dann das Bier in Strömen. Zu den eindrucksvollsten Seefesten zählt das ★ *Eibsee-Seefest bei Grainau* (vor der imposanten Zugspitze), zu den schönsten Waldfesten das *Trachtenwaldfest* in *Kreuth* hinterm Tegernsee.

MARCO POLO TIPS FÜR FESTE

1 **Kaltenberger Ritterspiele**
Auf Schloß Kaltenberg bei Geltendorf (Seite 26)

2 **Jazztage in Burghausen**
Treffpunkt älterer und jüngerer Jazzfans in einem ungewöhnlichen Rahmen (Seite 25)

3 **Sommerkonzerte in Amerang**
Stimmungsvolle Sommerabende im kostbaren Renaissance-Arkadenhof des Schlosses (Seite 26)

4 **Eibsee-Seefest bei Grainau**
Vor der eindrucksvollen Kulisse der Zugspitze (Seite 26)

5 **Rosenheimer Herbstfest**
Nach dem Oktoberfest das volkstümlichste Volksfest in Oberbayern (Seite 27)

Fronleichnamsprozession auf dem Staffelsee

Wallfahrten und Lichterprozessionen (Aug.)
Besonders eindrucksvoll ist die fromme Lichterprozession zu Ehren Mariä Himmelfahrt *(15. Aug.)* in *Bernried* am Starnberger See. Oder, zur selben Zeit, die Wallfahrt der Maria Almer aus dem Salzburger Land über das Steinerne Meer und den Königssee nach *St. Bartholomä.*

Herbstfeste (Ende Aug.–Anfang Okt.)
Hier denkt man zuerst natürlich an das *Münchner Oktoberfest* (Ende Sept.–Anfang Okt.) auf der Theresienwiese, das sich seit seiner Stiftung Anno 1810 anläßlich der Hochzeit Ludwigs I. und der Prinzessin Therese von Sachsen-Hildburghausen zum größten Volksfest der Welt ausgewachsen hat. Um zu echten und volkstümlichen Volksfestfreuden zu kommen, machen Sie lieber einen Ausflug zum ★ *Rosenheimer Herbstfest,* das von Ende Aug. bis Mitte Sept. auf der Loretowiese gefeiert wird.

Kirchweih (Okt.)
Jahrestag aller katholischen Kirchen ist der dritte Sonntag im Okt. Der fromme Ursprung des Festes – die Einweihung des Gotteshauses – ist weithin vergessen. Als Kirchweihbrauch gilt heute nach einer Wanderung die Einkehr in einem Wirtshaus.

Leonhardifahrten (Nov.)
St. Leonhard wird als Schutzpatron der Pferde und anderer Nutztiere besonders eindrucksvoll geehrt, so am 6. Nov. in *Bad Tölz;* die Leonhardifahrt zum Tölzer Kalvarienberg hinauf ist ein prächtiger Aufzug von geschmückten Rössern, Wagen und Menschen. Leonhardifahrten oder -ritte gibt es an mehreren Orten im Lande, so in *Bad Feilnbach, Benediktbeuern, Kreuth, Schliersee/Fischhausen* und am *Irschenberg.*

Advent (Dez.)
Der Dez. gilt in Altbayern als die »staade« (stille) Zeit, was leider mehr und mehr in Vergessenheit gerät. Auf den oberbayerischen *Christkindlmärkten* spürt man noch am ehesten etwas von dem alten Zauber. Vielleicht weniger auf dem größten unter seinesgleichen, dem auf dem *Marienplatz* in *München,* sicher aber auf denen von *Andechs* und *Dießen.*

EIN KURZBESUCH

Die bayerische Landeshauptstadt ist so groß (1,3 Mio. Ew.) und so reich an Attraktionen, daß ihr ein eigener MARCO POLO Reiseführer gewidmet ist. Da sie auch »Hauptstadt« des Regierungsbezirks Oberbayern ist, hier ein Konzentrat aus dem »München«-Führer.

BESICHTIGUNGEN

Straßen und Plätze

– *Ludwigstraße*
Eindrucksvolle architektonische Geschlossenheit zwischen *Feldherrnhalle* und *Siegestor. U 3/6 Odeonsplatz oder Universität*

– *Marienplatz*
Münchens gesellschaftlicher, geschäftlicher und architektonischer Mittelpunkt. Glockenspiel am Neuen Rathaus. *U-S-Bahnhof Marienplatz*

– *Maximilianstraße*
Münchens Nobeladresse der feinen Luxusschuppen und hochkarätiger Kulturinstitutionen. *U-S-Bahnhof Marienplatz oder U 3/4/5/6 Odeonsplatz*

Kirchen

– *Frauenkirche*
Spätgotischer Bau mit strenger Gliederung und gemütlichen Kuppeltürmen. Die Bischofskirche und das Wahrzeichen der Stadt. Turmbesteigung. *Frauenplatz 1, U-S-Bahnhof Marienplatz*

– *Michaelskirche*
Denkmal der Gegenreformation vom Ende des 16. Jhs., Grabstätte König Ludwigs II. *Neuhauser Str. 52, U-S-Bahnhof Stachus*

– *Theatinerkirche*
Schönste Barockkirche Münchens, mit besonders eleganten Türmen und Kuppel. *Theatinerstr. 22, U 3/4/5/6 Odeonsplatz*

Parks und Gärten

– *Englischer Garten*
Die »grüne Lunge« der Millionenstadt, ein beliebter Aufenthalt (Chinesischer Turm, Kleinhesseloher See, Monopteros). *U 3/6 Giselastraße oder Universität*

– *Nymphenburg*
Aus einem »Landsitz« im 17./18. Jh. erwachsene Schloßanlage der Wittelsbacher. *Straßenbahnlinie 17 oder U 1 Rotkreuzplatz*

MUSEEN

Alte Pinakothek

Von Altdorfer und Dürer bis Murillo und Fragonard. *Barer Str. 27, U 2 Königsplatz*

Bayerisches Nationalmuseum

Objekte der bayerisch-süddeutschen Kunst- und Kulturgeschichte. Große Krippensammlung. *Prinzregentenstr. 3, U 4/5 Lehel*

Deutsches Museum

Alles, was dem Menschen in Sachen Technik bisher eingefallen ist, wird in einem der größten technisch-naturwissenschaftlichen Museen der Welt ausgestellt. *Museumsinsel 1, S-Bahnhof Isartor*

Neue Pinakothek

Pendant zur Alten Pinakothek. Europäische Kunst des 19. Jhs. *Barer Str. 29, U 2 Königsplatz*

Städtische Galerie im Lenbachhaus

Seine internationale Bedeutung verdankt das Museum der Blauen-Reiter-Sammlung. *Luisenstr. 33, U 2 Königsplatz*

Valentin-Musäum
Münchens liebenswertestes und lustigstes Museum, dem skurrilen Querdenker Karl Valentin (sprich: Fallentin) gewidmet. *Tal 43, S-Bahnhof Isartor*

EINKAUFEN

Beck am Rathauseck
Textilpalast über sechs Stockwerke. *Marienplatz 11, U-S-Bahnhof Marienplatz*

Dallmayr
Kauftempel der kulinarischen Köstlichkeiten. *Dienerstr. 14/15, U-S-Bahnhof Marienplatz*

Schellingstraße
Schwabings Bummel- und Kaufmeile, attraktiv vor allem auch für junge Leute. *U 3/6 Universität*

Theatinerstraße
Hier und in den Seitenpassagen findet man renommierte Modeboutiquen, Herrenausstatter, Schuhgeschäfte, Juweliere, Kunstgalerien. *U 3/4/5/6 Odeonsplatz*

Viktualienmarkt
Größter und ältester Münchner Lebensmittelmarkt. Hat noch etwas von der Münchner Gemütlichkeit bewahrt. *U-S-Bahnhof Marienplatz*

RESTAURANTS

Andechser am Dom
Für die Mixtur von Münchner Atmosphäre und zeitgeistlichem Pep sind zwei landeseigene Originale zuständig: Pater Anselm, gewiefter Topmanager der Andechser Klosterbetriebe, und Sepp Krätz, allgegenwärtiger und einfallsreicher Wirt. Kein Wunder, daß es hier fast immer »brummt«! Besonders zu empfehlen: Fleischpflanzerl, Kartoffelsalat, Andechser Bier und Andechser Käse. *Tgl. durchgehend geöffnet, Weinstr. 7, Tel. 089/29 84 81, Kategorie 2/3, U-S-Bahnhof Marienplatz*

Augustiner-Großgaststätten
Typische Münchner Biersäle, seit einem Jahrhundert kaum verändert. Kleiner Biergarten. Das (Augustiner-)Bier ist weit besser als das Essen. *Tgl. durchgehend geöffnet, Neuhauser Str. 27, Tel. 089/55 19 92 57, Kategorie 2–3, U-S-Bahnhof Stachus*

Weißes Bräuhaus
Urige Wirtschaft im Stadtzentrum. *Tgl. 10–1 Uhr, Tal 10, Tel. 089/29 98 75, Kategorie 3, U-S-Bahnhof Marienplatz*

HOTELS

An der Oper
Ruhiges, nicht zu teures Haus nahe der Maximilianstraße. *50 Zi., Falkenturmstr. 10, Tel. 089/29 00 27 0, Fax 29 00 27 29, Kategorie 2, U-S-Bahnhof Marienplatz oder U 3/4/5/6 Odeonsplatz*

Leopold
Verlangen Sie ein Zimmer zum Hof! *80 Zi., Leopoldstr. 119, Tel. 089/36 70 61, Fax 36 05 31 50, Kategorie 2, U 3/6 Münchner Freiheit*

Olympic
Preisgünstig, freundlich, im Szenequartier um den Gärtnerplatz. *32 Zi., Hans-Sachs-Str. 4, Tel. 089/23 18 90, Fax 23 18 91 99, Kategorie 3, U 1/2 Fraunhoferstraße*

Seen und Moränenhügel

Das ist die Landschaft, um derentwillen die Münchner von aller Welt beneidet werden

Je nachdem, wo man in München wohnt, kann man in 20 Minuten am Starnberger See sein und in 30 Minuten am Ammersee. Dazwischen weitläufige Forste, auch sie nicht ohne erquickende Gewässer, Kuhwiesen, mehr und mehr auch als Pferdekoppeln genutzt, Dörfer ohne Hotels, aber fast immer noch mit einer zünftigen Wirtschaft und einem Biergarten unter Kastanien. Herz, was willst du mehr?

Einen Besuch wert: Kloster Andechs und seine Kirche

AMMERSEE

(**104/C3–5**) Nach dem Chiemsee und dem Starnberger See ist er der drittgrößte See Bayerns. Allerdings wird er immer kleiner, weil sein südlicher Zufluß, die Amper, unentwegt neue Schuttmassen aus dem Gebirge herantransportiert. Am Ende der Eiszeit noch 36 km lang, ist er mittlerweile auf 18 km geschrumpft. Während der Starnberger See als verstädtert und »schicki« gilt, gibt sich der Ammersee naturnäher und eher ländlich. Gerade diese Eigenschaften ma-

Hotel- und Restaurantpreise

Hotels
Kategorie 1: über 250 Mark
Kategorie 2: 100–250 Mark
Kategorie 3: unter 100 Mark
Preise jeweils für Doppelzimmer. Familienpensionen werden in Bayern noch häufig angeboten. Die Untergrenze für sehr einfache Zimmer (ohne Dusche/Bad) liegt bei 20 Mark.
Die Anzahl der Ferienwohnungen nimmt allgemein zu. Die Preise sind je nach Größe, Lage und Komfort sehr unterschiedlich. Überwiegend bewegen sie sich zwischen 60 und 100 Mark pro Tag.

Restaurants
Kategorie 1: über 35 Mark
Kategorie 2: 20–35 Mark
Kategorie 3: unter 20 Mark
Die Preise gelten für ein Hauptgericht.

chen ihn jedoch attraktiv. Sehr empfehlenswert die Rundfahrten mit den Schiffen der Ammerseeflotte! Sie beginnen in Stegen am Nordende und dauern 2–3 Stunden. *Auskunft: Staatliche Schiffahrt Ammersee, 82266 Stegen, Tel. 08143/940 21*

ANDECHS

(104/C 4) ★ Andechs, Kloster auf dem »Heiligen Berg«, Burg und Wallfahrtskirche, ist eine Gründung der Grafen von Dießen-Andechs, die in der einstigen Burgkapelle gesammelten Reliquien seit 1128 das Ziel von Wallfahrten. Nach dem Aussterben des Geschlechts gründeten die Wittelsbacher ein Augustinerchorherrenstift, das später in ein Benediktinerkloster umgewandelt wurde. Die Mönche haben es verstanden, ihre Kirche zum Ziel der populärsten Marienwallfahrt Bayerns zu machen. Dazu tragen nicht so sehr der übliche Devotionalienkitsch und die Reliquien bei, sondern die anderen »Rahmenbedingungen«: die schöne Kirche, die schöne Aussicht, die Klostergastronomie, vor allem aber das Bier. Letzteres gehört zu den beliebtesten im Lande und schmeckt bekanntlich am besten dort, wo es gebraut wird. Mit den Bierzechern machen die Klosterbrüder heute bessere Geschäfte als mit den echten Wallfahrern. An einem guten Tag ist der »Heilige Berg« fast ein bayerisches Paradies!

BESICHTIGUNG

Wallfahrtskirche
Weithin sichtbarer, achteckiger Turm. Das Gotteshaus ist wie-

MARCO POLO TIPS FÜR DIE REGION SÜDLICH VON MÜNCHEN

1. **Andechs**
Eine Rokokokirche, eine bezaubernde Aussicht und das vielleicht beste Bier Bayerns (Seite 32)

2. **Schiffsrundfahrt auf dem Starnberger See**
Bei Föhn ist die Zugspitze zum Greifen nah (Seite 36)

3. **Radwanderung durch das Revier der Osterseen**
Ein Urerlebnis im autofernen Naturschutzgebiet (Seite 38)

4. **Marienmünster in Dießen**
Ein Prachtwerk des oberbayerischen Rokokos, in dem man die Engel singen hören kann (Seite 33)

5. **Stadtbummel durch Landsberg**
Eine stolze Stadt über dem Lech (Seite 34)

6. **Floßfahrt auf der Isar**
Zwischen Wolfratshausen und München sind die feuchten Plätze sehr begehrt (Seite 39)

derholt umgebaut worden. Für den rokokobeschwingten Innenraum ist die Umgestaltung des Jahres 1750 bestimmend, an der Johann Baptist Zimmermann führend beteiligt war. Schöne Altarfiguren von den Bildhauern Straub und Schmädl. In der Heiligen Kapelle sind die kostbare spätgotische Monstranz mit den drei Hostien und andere mittelalterliche Reliquien zu sehen. *Tgl. durchgehend geöffnet, Führungen auf Anfrage: Tel. 08152/3760*

RESTAURANT

Klosterbräustüberl
Einfache Wirtschaft mit Selbstbedienung oder mitgebrachter Brotzeit. Scharfe Spezialität: Andechser Klosterkäse. *Tel. 08152/376281*

ZIEL IN DER UMGEBUNG

Herrsching **(104/C4)**
Der Talort von Andechs breitet sich an der nach ihm benannten Ammerseebucht aus. Hauptvorzüge des biederen Badeortes: ein paar schöne Badeplätze bei den Ortsteilen Lochham und Wartaweil, der Spaziergang durch das Kiental hinauf nach Andechs und die schnelle S-Bahn-Verbindung nach München. *Auskunft: Verkehrsbüro, 82211 Herrsching, Rathaus, Tel. 08152/5227, Fax 5237*

DIESSEN

(104/C5) Der Markt (8000 Ew.) und Hauptort des Ammerseewestufers ist aus drei Teilen zusammengewachsen: dem einstigen Fischerdorf unten am See; der bürgerlichen Marktgemeinde auf halber Höhe, in der sich Handel und Wandel konzentrieren; noch weiter oben dem Areal um das bedeutende, bereits 1132 gegründete Augustinerchorherrenstift, dessen Marienmünster neben der Andechser Kirche das zweite weithin sichtbare Wahrzeichen des Ammersees ist. Kunsthandwerker, Künstler und Musiker fühlen sich hier zu Hause. Der Berühmteste unter ihnen war der Komponist Carl Orff.

BESICHTIGUNG

Stiftskirche St. Marien (Marienmünster) und Kirche St. Stephan
★ Die prächtige Rokokokirche (1732–1739) von Johann Michael Fischer ist ein exemplarisches Werk dieses baufreudigen Zeitalters. Die Innenausstattung von den Wessobrunner Stukkateuren Feichtmair und Üblherr, die Deckengemälde von Johann Georg Bergmüller. Besonders schöner Engel von Ignaz Günther in der Nische des Rosenkranzaltars neben dem Eingang! Nördlich des Münsters die *Kirche St. Stephan,* der einstige Marstall, vor einigen Jahren zur »Winterkirche« umfunktioniert und mit kostbaren romanischen und gotischen Skulpturen ausgestattet. *Beide Kirchen tgl. geöffnet, Führungen/Auskünfte über das Pfarramt im Klosterhof*

MUSEUM

Orff-Museum
Erinnerungen an den großen bayerischen Komponisten Carl Orff (1895–1982). *Hofmarkstr. 3, Sa/So 14–17 Uhr, Führungen nach Vereinbarung, Tel. 08807/1583*

HOTEL/RESTAURANT

Strandhotel
Ruhige Lage, schöner Blick, ordentlicher Komfort, Strandbad nahebei, Restaurant. *18 Zi., Jahnstr. 10, 86911 Dießen, Tel. 08807/ 922 20, Fax 89 58, Ende Dez. geschl., Kategorie 2*

EINKAUFEN

Gutes Kunstgewerbe im Kiosk an der Uferpromenade. *Im Sommer Mo–Fr 10–12.30 und 14–17 Uhr, Sa/So, feiertags und im Winterhalbjahr 11–17 Uhr*

SPIEL UND SPORT

Strandbad, Segel- und Surfschule. Alle Arten von Wassersport, Tennis, Radfahren.

AUSKUNFT

Fremdenverkehrsamt
Mühlstr. 4 a, 86911 Dießen, Tel. 08807/10 48, Fax 44 59

ZIELE IN DER UMGEBUNG

Ammerseesüdufer (104/C 4–5)
Das Südufer des Sees ist versumpft, daher ein Paradies für Wasservögel und Naturschutzgebiet. Nur auf Fußwegen zugänglich, erreichbar über die Landstraße, die nach Fischen und Herrsching führt.

Ammerseewestufer (104/C 3–4)
Entlang dem Ufer verteilen sich idyllische Orte, die sich aus Fischerdörfern in Villenkolonien verwandelt haben: *Riederau, Utting, Schondorf.* Überall gibt es schöne, autofreie Uferpromenaden und Spazierwege, Segelclubs, Strandbäder, Segel- und Surfschulen, Cafés und Restaurants. In Schondorf steht als ältestes Gotteshaus am Ammersee die *Kapelle St. Jakob* (12. Jh.), auch Seekapelle genannt.

Restaurants: *Seehaus in Riederau.* Französische Küche in schönem ländlichem Rahmen, herrliche Lage. *Seeweg, 86911 Dießen-Riederau, Tel. 08807/73 00, tgl. 11–23 Uhr, Kategorie 1.* Ferner: *Alte Villa* in *Utting.* Französische Küche und bayerischer Biergarten (mit Selbstbedienung). *Seestr. 32, 86919 Utting, Tel. 08806/617, Mo–Sa 18–24 Uhr, So und feiertags 11–24 Uhr, im Winter geschl., Kategorie 2*

Auskunft: Fremdenverkehrsverband Ammersee-Lech, Von-Kühlmann-Str. 15, 86899 Landsberg am Lech, Tel. 08191/471 77

LANDSBERG AM LECH

(104/A 3–4) Stolz thront die Stadt (21 740 Ew.) über dem Lechtal. Man sieht ihr an, daß sie als wehrhafte Festung entstanden ist: gegründet 1160 von Herzog Heinrich dem Löwen, der zwei Jahre vorher auch München gegründet hatte. Im Gegensatz zu den mittelalterlich-schweren Festungsbauten zeigt sich der Stadtkern in barockem Gewand.

BESICHTIGUNG

★ Ein halbstündiger Rundgang durch die Altstadt beginnt am dreieckigen *Hauptplatz,* der vom *Schönen Turm* (14. Jh.), vom *Marienbrunnen* (1783) und von dem außerordentlich prächtig stukkierten *Rathaus* (1718–1720) beherrscht wird. Ebenfalls am Hauptplatz steht die frühere her-

Das Rathaus allein lohnt schon den Besuch Landsbergs

zogliche *Residenz. Kirchen: Mariä Himmelfahrt* mit einem Rosenkranzaltar von Dominikus Zimmermann und einer Madonna von Hans Multscher; *Malteserkirche* mit auffallend hohem Giebel, prunkvoller Rokokoausstattung und einer Terrasse mit schönem Blick über die Stadt. Einen herrlichen Blick hat man auch vom *Bayertor* (1425) an der alten Einfahrt von München her, das zu den schönsten gotischen Stadttoren Deutschlands gehört. Leider ist es übertrieben restauriert. An der Stadtmauer entlang führt ein Fußweg zum Hauptplatz zurück.

HOTEL/RESTAURANT

Goggl
Traditionsgasthof mit teilweise bescheidenem Komfort. *50 Zi., Herkomerstr. 19, 86899 Landsberg, Tel. 08191/3240, Fax 324100, Kategorie 2–3*

AUSKUNFT

Fremdenverkehrsamt
Rathaus, Hauptplatz 1, 86899 Landsberg, Tel. 08191/128245, Fax 128160

STARNBERGER SEE

(105/D 4–6) Seit die Menschen am und im Wasser ihr Vergnügen suchen, gilt der Starnberger See (früher Würmsee genannt) als das Lustgewässer und die Badewanne der Münchner. Das fing vor über 300 Jahren an, als Bayerns feierfreudiges Kurfürstenpaar Henriette Adelheid und Ferdinand Maria im legendären Prunkschiff »Bucentaur« über den See kreuzte und rauschende Feste feierte. Es setzte sich fort im 19. Jh., als Münchner Patrizierfamilien sich Schlösser und Villen an die Ufer bauen ließen, und wurde vollends demokratisch während der vergangenen Jahrzehnte. Das heißt: An schönen Sommertagen läuft die Badewanne einfach über, wie es bei einem so nahe einer Millionenstadt gelegenen See nicht anders sein kann. Mit einer Länge von 21 km und einer Breite von höchstens 5,5 km hat der Starnberger See nach dem Chiemsee der zweitgrößte in Bayern – eine schlauchartige Form.

Auf die angenehmste Weise lernt man den Starnberger See

bei einer ★ Schiffsrundfahrt kennen. An Bord bleiben einem verstopfte Straßen, überfüllte Parkplätze und unpassende Halteverbote erspart. Die große Rundfahrt dauert 3 Stunden – und vergeht wie im Fluge. Am besten beginnt man sie in Starnberg selbst. *Auskunft: Staatliche Seenschiffahrt, Dampfschiffstr. 5, 82319 Starnberg, Tel. 08151/ 120 23 und 80 61*

BERG

(105/D 4) Einfaches Dorf am Ostufer, durch sein Schloß und dazugehörige Legende bekannt geworden. Hier verbrachte König Ludwig II. zwangsweise die letzten Tage vor seinem mysteriösen Tod im See am 13. Juni 1886. Der für geisteskrank erklärte Monarch wurde mit seinem Psychiater im seichten Wasser vor dem Schloßpark ertrunken aufgefunden. Über die Hintergründe wird bis zum heutigen Tag gerätselt.

BESICHTIGUNG

Ein Spaziergang durch den schönen *Schloßpark* – das *Schloß* selbst ist nicht zugänglich – ist allemal lohnend.

HOTEL/RESTAURANT

Park- und Strandhotel Schloß Berg
Wunderschön gelegenes Haus an Seeufer und Dampfersteg. Die Lage ist besser als die Küche. Seeterrasse, Neubau mit komfortablen Zimmern etwas dahinter. *60 Zi., 82335 Berg, Tel. 08151/ 501 01, Fax 501 005, tgl. 11.30 bis 23.30 Uhr, Kategorie 2*

ZIEL IN DER UMGEBUNG

Ambach (105/D 5)
Das Ostufer des Sees bis kurz vor Seeshaupt ist die stillere, »vornehmere« Seite. In den früheren Fischerdörfern Ammerland und Ambach gibt es noch viele alte Villen auf größeren Grundstükken, und die Uferstraße ist größtenteils für den Autoverkehr gesperrt. Davon profitieren Radwanderer und Spaziergänger. Einrichtungen für den Wassersport fehlen fast ganz, alles ist in privater Hand.

Restaurant: *Zum Fischmeister.* Bayerische und internationale Küche, schöner Biergarten, Dampfersteg und immer frische Fische. *82541 Ambach, Tel. 08177/533, Mi–Fr 16–23, Sa, So, feiertags 12–23 Uhr, Mo, Di geschl., Kategorie 3*

STARNBERG

(105/D 4) Die Kreisstadt am Nordende des Sees, für viele Münchner nur eine reichliche Autoviertelstunde entfernt, ist unbestrittene Metropole der Region und mit Strandpromenaden, Bootsverleih, Cafés, Wassersportclubs nach wie vor Hauptanziehungspunkt. Das Ortsbild ist dagegen wenig attraktiv.

BESICHTIGUNG

Alte Pfarrkirche St. Joseph
Das viel zuwenig bekannte Rokoko-Schmuckstück, erbaut 1764–1770, ist mit einem meisterhaften Hochaltar von Ignaz Günther ausgestattet, auf dem Maria und Joseph mit dem Jesusknaben thronen.

RESTAURANT

Undosa
Von den Münchnern mehrerer Generationen geliebt. Auf der Seeterrasse kann getanzt werden. *Seepromenade 1, Tel. 08151/80 21, tgl. 11–24 Uhr, Kategorie 2*

HOTEL

Seehof
Gut geführt, nahe S-Bahn und Dampfersteg. *Bahnhofsplatz 4, 82319 Starnberg, Tel. 08151/60 01, Fax 281 36, Kategorie 2*

AUSKUNFT

Fremdenverkehrsverband Fünfseenland
Für alle Orte am See ohne eigenes Verkehrsamt zuständig. *Kirchplatz 3, 82319 Starnberg, Tel. 08151/906 00, Fax 90 60 90*

ZIEL IN DER UMGEBUNG

Schloß Leutstetten (105/E 4)
Das Schloß, von Mitgliedern der Familie Wittelsbach bewohnt, kann nicht besichtigt werden. Es ist dennoch ein lohnendes Ziel für einen Ausflug, auch wegen seines Gestüts und der Schloßwirtschaft mit ihrem schönen Biergarten *(Tel. 08151/81 56, Kategorie 3).*

TUTZING

(105/D 5) Der ursprüngliche Fischerort liegt nahe der Stelle, wo der See seine größte Breite erreicht, und hat sich im 19. Jh. zum beliebten Künstlerrefugium entwickelt. Der Ort (10 500 Ew., Endstation der S-Bahn-Linie von München) wirkt beschaulich, fast verschlafen. Es gibt gute Bademöglichkeiten (Strandbad), mehrere Bootshäfen und in der Umgebung schöne Wanderwege. Einer der schönsten: der *Weg zur Ilkahöhe* mit ihrem herrlichen Blick über den See, das Voralpenland und die bayerischen Berge dahinter.

RESTAURANT

Midgardhaus
Anspruchsvolles Lokal in schöner Lage am Seeufer, mit Biergarten. *Midgardstr. 3, Tel. 08158/12 16, Di–So 11.30–14 und 18 bis 22 Uhr, Mo, Nov. geschl., Kategorie 1 und 2*

HOTEL

Andechser Hof
Solides Mittelklassehaus mit gutem Restaurant. *30 Zi., Hauptstr. 27, Tel. 08158/18 22, Fax 61 51, Kategorie 2*

AUSKUNFT

Verkehrsamt
Kirchenstr. 9, 82327 Tutzing, Tel. 08151/906 00, Fax 90 60 90

ZIELE IN DER UMGEBUNG

Bernried (105/D 5)
Das besonders hübsch gelegene Dorf an der Südwestecke des Sees geht auf ein Augustinerchorherrenstift zurück und war jahrhundertelang ein vielbesuchter Wallfahrtsort. Das dörfliche Bild wird überlagert von der sakralen Architektur: der *St.-Martins-Kirche* des einstigen Stiftes, der *Pfarrkirche St. Maria* und der *Wallfahrtskapelle.* Südlich des Ortes zieht sich das Parkge-

lände der *Busch-Woods-Stiftung* mit seinem prächtigen Waldbestand am See entlang. Das für Autos gesperrte Gebiet bietet Wanderern zu Fuß und auf dem Rad lohnende Routen.

Feldafing **(105/D 5)**
Es gibt Gründe dafür, den Ort für den »feinsten« zu halten. Zum einen das Traditionshotel *Kaiserin Elisabeth,* in dem die österreichische Monarchin (»Sissi«) 22 Sommer verbracht hat, bevor sie 1898 in Genf einem Attentat zum Opfer fiel. Zum anderen den *18-Loch-Golfplatz,* der mit Recht als einer der schönsten in Deutschland gilt. Schließlich die romantisch-verschwiegene *Roseninsel,* auf der Bayerns König Maximilian II. um 1860 eine Villa im pompejanischen Stil errichten ließ und der junge Kronprinz Ludwig – in aller Ehrbarkeit! – sich mit seiner älteren Kusine Sissi traf, die im benachbarten Schloß Possenhofen aufgewachsen war. Einen Teil des ehemaligen ❂ Parks von Possenhofen hat die Stadt München in ein Erholungsgelände mit Badestrand umgewandelt.

Restaurant und Hotel *Forsthaus am See.* Vor allem seiner herrlichen, ruhigen Lage wegen zu empfehlen. Komfortable Zimmer, ambitionierte Küche, Zugang zu allen Wassersportarten. *82340 Possenhofen, Tel. 08157/9 30 10, Fax 42 92, tgl. 12–23 Uhr, Kategorie 1. Golf-Club Feldafing, Tutzinger Str. 15, 82340 Feldafing, Tel. 08157/9 33 40, Fax 93 34 99*

Seeshaupt
und die Osterseen **(111/E–F 1)**
Der ruhige Erholungsort am Südende des Sees ist Wendepunkt für die Schiffahrt und profitiert von der Nähe zu den ★ Osterseen. Diese einzigartige moorige Naturlandschaft setzt sich aus 21 kleinen Seen und Weihern zusammen und ist größtenteils nur zu Fuß oder allenfalls mit dem Rad zugänglich. Die zum Naturschutzgebiet erklärte Seenplatte, Zuflucht seltener Tiere und Pflanzen, ist nach der letzten Eiszeit, also vor rund 10 000 Jahren, aus einem riesigen Eisblock entstanden.

WOLFRATSHAUSEN

(105/E 5) Die freundliche ehemalige Kreisstadt (16 000 Ew.) nahe dem Zusammenfluß von Isar und Loisach ist vom Tourismus noch kaum entdeckt worden, obgleich ein Besuch sich lohnt.

BESICHTIGUNG

Zentrum des Städtchens ist die historische *Marktstraße* mit schönen alten Bürgerhäusern. Die *Pfarrkirche St. Andreas,* von den Schweden im Dreißigjährigen Krieg zerstört, ist um 1650 im Stil der Zeit wiederaufgebaut worden; Blickfang an der dreischiffigen Hallenkirche ist ein von laubumrankten Säulen getragener Hochaltar von Lukas Herle (1660). Schon von weit her sichtbar ist der auffallend hohe und schlanke Kirchturm.

RESTAURANT

Gasthof Humplbräu
❂ Renoviertes Haus in altem Gemäuer. Bodenständiges Restaurant. *Obermarkt 2, Tel. 08171/71 15, So ab 14 Uhr und Mo geschl., Kategorie 3*

AUSKUNFT

Stadtverwaltung
Marienplatz 1, 82515 Wolfratshausen, Tel. 08171/21 44 11, Fax 21 41 12

ZIELE IN DER UMGEBUNG

Beuerberg **(105/E 6)**
Das einstige Augustinerchorherrenstift ist 1120 gegründet worden. Es war mächtig und wohlhabend, hatte Besitzungen in Kärnten und in Kaltern – die Chorherren wußten den Südtiroler Wein zu schätzen! Der Klosterbau stammt aus der ersten Hälfte des 18. Jhs. Die Kirche, gleich nach dem zerstörerischen Einfall der Schweden im Dreißigjährigen Krieg wiederaufgebaut, repräsentiert den frühbarocken Baustil um 1635.

An der Straße nach Königsdorf, im Ortsteil *Sterz,* liegt der *Golfclub Beuerberg.* Schöne 18-Loch-Anlage mit allen landschaftlichen Vorzügen des Voralpenlandes. *Tel. 08179/617*

Das Isartal abwärts **(105/E–F 3–5)**
Zwischen Wolfratshausen und der Stadtgrenze von München erstreckt sich, 25 km lang, das tief in die bewaldete Schotterebene eingeschnittene Isartal, als Badelandschaft und Wanderparadies von den Münchnern hoch geschätzt. Von Anfang Mai bis Ende Sept. werden auf dieser Strecke auch die so beliebten ★ ❂ Floßfahrten – mit Bier und Blasmusik – veranstaltet. Sie beginnen im Wolfratshausener Ortsteil *Weidach* und enden an der Floßlände in *München-Thalkirchen.* In der Fahrtdauer von 8 Stunden ist eine Mittagspause an Land eingeschlossen. *Auskunft und Buchung: Amtliches Bayerisches Reisebüro, Hauptbahnhof, 80335 München, Tel. 089/55 34 46*

Schäftlarn **(105/E 4)**
Auf einem hellen, weiten Wiesengrund vor den dunklen Wäldern der Isarsteilufer breiten sich die Anlagen des Klosters Schäftlarn aus. Im Dreißigjährigen Krieg brannte das Kloster bis auf die Grundmauern nieder. Erst ein Jahrhundert später entstand Schäftlarn mit kurfürstlicher Unterstützung in neuer Pracht. Die hier im Sommer veranstalteten Konzerte sind sehr beliebt. Noch größeren Zulauf findet der gastliche Klosterbiergarten.

Das schlichte Klostergebäude (1702–1707), heute Internatsschule, kontrastiert mit der jüngeren Klosterkirche (1733 bis 1760). Deren Architekten waren der geniale François Cuvilliés und, nach einer durch Geldmangel erzwungenen Baupause, Johann Baptist Gunetsrhainer. Als Freskenmaler und Stukkateur schuf hier Johann Baptist Zimmermann sein letztes großes Meisterwerk: »… wundervoll hell, heiter, voll Licht und Luft, Himmel und Landschaft, die Farben so frisch wie zart, duftig, mit dem Schimmer von Opal und Perlmutt« (Alexander von Reitzenstein). Künstlerisch ebenbürtig die Altäre von Johann Baptist Straub, dem auch die elegant verspielte Kanzel zugeschrieben wird. Kein Zweifel: Schäftlarn gehört zu den bedeutenden Rokokokirchen Bayerns. *Auskunft, auch über die sommerlichen Konzerte: Tel. 08178/34 35*

Einkehrstation mit Biergarten: *Klosterbräustüberl, Tel. 08178/36 94.*

Wo die Zugspitze spitze ist

Ammergau, Pfaffenwinkel und Werdenfelser Land warten mit mannigfaltigen Höhepunkten auf

Das westliche Oberbayern endet am Lech. Seit der Völkerwanderungszeit ist er die Grenze zwischen Bajuwaren (Altbayern) und Alemannen (Schwaben). Die Trennlinie hat alle Wechselfälle der Geschichte überdauert und ist auch heute noch von Bedeutung. Denn hier treffen zwei durchaus unterschiedliche Mentalitäten aufeinander. Das fängt beim Geldausgeben an (die Oberbayern gelten als »verschwenderisch«, die Schwaben als »geizig«) und hört bei der Küche (hier Knödel, da Spätzle) noch lange nicht auf.

Im Osten ist die Grenzlinie, die wir für dieses Kapitel brauchen, weniger deutlich. Wir wählen für sie auch einen Fluß bzw. ein Flußsystem, nämlich die Isar-Loisach-Linie. Wer sich mit Straßen besser auskennt, halte sich an die Autobahn München–Garmisch-Partenkirchen.

Ein Muß für jeden Besucher: die weltberühmte Wieskirche bei Steingaden; sie ist von der Unesco zum Weltkulturerbe erklärt worden

AMMERGAU

Südlich des Pfaffenwinkels breitet sich das größtenteils unter Naturschutz gestellte Ammergebirge aus, die »Kinderstube« der jungen Ammer. Das Gebirge hat keine Gipfelprominenz zu bieten, bescheidet sich mit Höhen um die 2000 m und gilt immer noch als Geheimtip für Bergwanderer, die dem alpinen Rummel entkommen wollen. Doch im Tal unten konzentriert sich ein Trio weltberühmter Sehenswürdigkeiten: Oberammergau, Kloster Ettal und Linderhof, Schloß Ludwigs II.

OBERAMMERGAU

(111/D 3-4) ★ Das Passionsspieldorf gehört speziell in den USA zu den Top-Sehenswürdigkeiten Deutschlands. Zu den im Abstand von zehn Jahren veranstalteten Passionsspielen strömen Hunderttausende von Besuchern aus aller Welt (1991 waren es 850 000). Anlaß für das ganze »Theater« war die Pestepidemie im Jahr 1633, die erst erlosch, als die Gemeindeoberen das Gelüb-

Die Festspiele in Oberammergau gehen zurück auf ein Gelübde

de abgelegt hatten, alle zehn Jahre die Leidensgeschichte Christi (die Passion) aufzuführen. Das Gelübde ist getreulich gehalten worden. Zum Jahr 1930 wurde das große Festspielhaus gebaut. Inzwischen werden die Aufführungen weltweit vermarktet. Als Heimat der »Herrgottsschnitzer« war Oberammergau schon vorher weithin bekannt. Viele Häuser lassen den Wohlstand, der auf diese oder jene Weise in den Ort gekommen ist, an ihren aufwendigen »Lüftlmalereien« erkennen. Die meisten von ihnen sind im 18. Jh. entstanden; der berühmteste Lüftlmaler war Franz Zwinck (1748–1792).

BESICHTIGUNGEN

Ein Rundgang durch das Dorf steht im Zeichen der Lüftlmalereien: das *Geroldhaus* am *Lüftlmalereck* (1778 von Zwinck), das *Pilatushaus* in der *Ludwig-Thoma-Str.* (1784 von Zwinck) sowie die Häuser *Mühlgraben 5, Kleppergasse 5, Ettaler Str. 10*

Pfarrkirche St. Peter und Paul
Von dem Wessobrunner Joseph Schmuzer 1736–1742 erbaut. Besonders bemerkenswert sind die Gewölbe- und Kuppelfresken des berühmten Augsburger Malers Matthäus Günther, der als Virtuose illusionistischer Architekturmalerei gilt.

MUSEUM

Heimatmuseum
Ausstellung von Werken der Oberammergauer Schnitzkunst. Große alte Weihnachtskrippen, Hinterglasmalereien, aber auch Beispiele moderner Holzbildhauerei. *Im Sommerhalbjahr tgl. außer Mo 14–18 Uhr, Mitte Okt. bis Mitte Mai nur Sa 14–18 Uhr., Dorfstr. 8, Tel. 08822/182*

HOTEL/RESTAURANT

Hotel Böld (Ringhotel)
Das Haus besitzt auch ein gutes Restaurant. *König-Ludwig-Str. 10, Tel. 08822/9120, Fax 7102, Kategorie 2*

EINKAUFEN

An Geschäften mit Holzschnitzereien ist kein Mangel. Im *Pilatushaus (Ludwig-Thoma-Str.)* kann man den Schnitzern bei der Arbeit zuschauen.

BERGBAHN

Die Laberbahn fährt auf den Aussichtsberg Laber (1684 m). Schöner Blick in die bayerische Bergwelt und ins Voralpenland. Im Winter schwierige Skiabfahrt, nur für sichere Läufer. *Betriebszeiten tgl. 9–17 Uhr, Tel. 08822/4770*

AUSKUNFT

Verkehrsverband
Eugen-Papst-Str. 9a, 82487 Oberammergau, Tel. 08822/1021, Fax 7325

ZIELE IN DER UMGEBUNG

Ettal **(111/D 4)**
Kein Zufall, daß der mächtige Bau des Benediktinerklosters Ettal so nahe an der Durchgangsstraße steht, die heute Deutsche Alpenstraße heißt, aber schon im Mittelalter eine bedeutende Heer- und Handelsstraße zwischen Italien (Venedig) und dem Deutschen Reich (Augsburg) war. Kaiser Ludwig der Bayer hatte Anno 1330, auf der Rückkehr von Rom aus größter Bedrängnis gerettet, hier endlich wieder bayerischen Heimatboden betreten und aus Dankbarkeit die Abtei Ettal gegründet.

Der Kuppelbau der Klosterkirche ist, auch für Laien sofort erkennbar, ein Unikum in Bayern. Schon die erste Kirche, 1370 geweiht, war ein zwölfeckiger gotischer Zentralbau. Im Zeital-

MARCO POLO TIPS FÜR DIE REGION ZWISCHEN LECH UND LOISACH

1. **Zugspitze**
Viel Aussicht, viele Leute auf fast 3000 m Höhe (Seite 50)
2. **Wieskirche**
Die schönste Rokokokirche Oberbayerns, wahlweise Deutschlands, der Welt (Seite 47)
3. **Linderhof**
Ludwigs kleinstes »Märchenschloß« (Seite 44)
4. **Glentleiten**
Ein schönes Bauernhofmuseum (Seite 45)
5. **Hohenpeißenberg**
Ein überwältigendes Panorama (Seite 46)
6. **Oberammergau**
Die schonsten Lüftlmalereien (Seite 41)
7. **Mittenwald**
Der Obermarkt bietet das geschlossenste Straßenbild Oberbayerns (Seite 50)
8. **Marktstraße in Murnau**
Die Werdenfelser Berge erheben sich unmittelbar hinter dem Ort (Seite 44)

ter des Barocks, als in Bayern alles modernisiert wurde, ist die Kirche üppig barockisiert und ihr die große Kuppel aufgesetzt worden. So steht sie, teils gotisch, teils barock, in der altbayerischen Landschaft.

Architekten des Barock-Umbaus waren 1720–1726 Enrico Zuccalli und 1744–1752 Joseph Schmuzer, der auch die Kuppel konstruierte (Durchmesser 25 m, Gesamthöhe 65 m). Von der Innenausstattung besonders sehenswert: das Kuppelfresko (431 Figuren auf 1300 qm) von Johann Jakob Zeiller, die wunderschöne Orgelempore von Johann Baptist Zimmermann und im Hochaltar das von Kaiser Ludwig gestiftete Gnadenbild aus Carrara-Marmor, italienisch, 1329, heute noch das Ziel zahlreicher Wallfahrer. *Auskunft: Gemeinde Ettal, Tel. 08822/35 34*

Linderhof **(110/C4)**

★ Ludwig II., der »Märchenkönig«, suchte die stillen, von der Welt abgeschiedenen Plätze in seinen Bergen. Auch Schloß Linderhof baute er in die totale Einsamkeit, wenn auch nur 10 km von Oberammergau und Ettal entfernt. Linderhof, in den Jahren 1869–1879 nach dem Vorbild von Petit Trianon in Versailles erbaut, ist das kleinste und intimste unter den Schlössern Ludwigs II., das einzige, das zu seinen Lebzeiten fertig geworden ist und das er wirklich genießen konnte.

Bei einer Führung durch das Schloß erlebt man teils italienischen Barock, teils französisches Rokoko, dazu Orientalisches wie den berühmten *Maurischen Kiosk,* Venezianisches, Antikes und Romantisches. Im strengen Sinn paßt das alles nicht zusammen. Dennoch haben wir es mit einem originalen, unverwechselbaren Gesamtkunstwerk zu tun. Der um das Schloß angelegte eklektizistische Landschaftspark ist 50 ha groß. Er hat vor kurzem einen »Neuzugang« bekommen: Die 1945 abgebrannte Hundinghütte, im königlichen Auftrag dem Bühnenbild der Wagner-Oper »Siegfried« nachgebaut, ist rekonstruiert und in den Park von Linderhof verpflanzt worden. *Im Sommerhalbjahr tgl. 9–12.15 und 12.45 bis 17 Uhr., im Winterhalbjahr nur bis 16 Uhr, Auskunft: Schloßverwaltung, Tel. 08822/35 12*

MURNAU

(111/E2–3) Weiträumig von der Autobahn nach Garmisch umfahren, hat Murnau (11 000 Ew.) fast wieder zu dem beschaulichen Idyll zurückgefunden, das von den »besseren« Sommerfrischlern um die Jahrhundertwende so geschätzt worden war. Ein unvergeßliches Bild bietet die ★ Marktstraße mit ihren farbenfrohen Giebelhäusern.

MUSEEN

Gabriele-Münter-Haus

Erinnerungen an Wassily Kandinsky, Gabriele Münter und andere Mitglieder der Künstlervereinigung »Blauer Reiter« (z.B. Franz Marc, Alexander Jawlensky). Das Haus war 1909–1914 Mittelpunkt dieses Kreises; viele berühmte Bilder stammen aus jener Zeit. *Zur Zeit wegen Renovierung geschlossen, Wiedereröffnung für 1999 geplant*

Schloßmuseum
Im ehemaligen Pflegschloß hoch über dem Ort ganz neu etabliert, dokumentiert das Museum insbesondere Murnaus Rolle als Heimat bedeutender Künstler, die sich von der Voralpenlandschaft, oberbayerischer Tradition und Volkskunst inspirieren ließen. *Tgl. außer Mo 10–17 Uhr, Tel. 08841/47 62 07*

HOTELS/RESTAURANTS

Alpspitz
Hotel garni, schöne Lage, eigener Strand am Staffelsee. *10 Zi., Seestr. 14, 82418 Riegsee, Tel. 08841/400 01, Fax 61 09 30, Kategorie 2*

Brauerei-Gaststätte Karg
Originales Gasthaus mit Hausbrauerei. *Untermarkt 27, 82416 Murnau, Tel. 08841/82 72, tgl. außer Mo 9–23 Uhr, Kategorie 3*

Klausenhof am Kurpark
25 Zi., Burggraben 8, Tel. 08841/ 611 60, Fax 50 43, Kategorie 3

EINKAUFEN

Murnau ist ein Zentrum der bayerischen Hinterglasmalerei. Adressen über das Verkehrsamt. Alljährlich Mitte Aug. wird eine Ausstellung der Hinterglasmaler im Kurgästehaus veranstaltet.

SPIEL UND SPORT

Sport
Wassersport, Segeln, Surfen auf dem Staffelsee

Wanderungen
Murnau ist idealer Standort für herrliche Wanderungen: durch das Murnauer Moos, um den Staffelsee sowie »Auf den Spuren des Blauen Reiters« (Informationen über das Verkehrsamt).

AUSKUNFT

Verkehrsamt
Kohlgruber Str. 1, 82416 Murnau. Tel. 08841/614 10, Fax 34 91

ZIELE IN DER UMGEBUNG

Freilichtmuseum Glentleiten **(111/F 3)**
★ Alte Bauernhäuser, Arbeitsgeräte, Handwerksvorführungen, Sonderausstellungen vermitteln eine lebhafte Anschauung vom traditionellen Leben in Oberbayern. Wunderschöne Lage, Gastwirtschaft. *Im Sommerhalbjahr 9–18 Uhr, Nov. Sa/So 10–17 Uhr, Mo geschl., 82439 Großweil-Glentleiten, Tel. 08851/ 18 50*

Gestüt Schwaiganger **(111/E 3)**
Zentrum der bayerischen Pferdezucht (Haflinger, Warmblut, Kaltblut). Ein »Muß« für jeden Pferdefreund! *Führungen Di, Do 13.30 Uhr, 82441 Schwaiganger, Tel. 08841/613 60*

PFAFFENWINKEL

Diese spezielle Landschaft im südwestlichen Eck von Oberbayern hat keine natürlichen oder Verwaltungsgrenzen. Ihr Name besagt nur, daß die Bewohner hier besonders fromm gewesen sein müssen (oder dafür gehalten worden sind), weil Kirchen und Kruzifixe dichter beieinanderstehen als irgendwo sonst im Lande. *Auskunft: Frem-*

denverkehrsverband Pfaffenwinkel, Bauerngasse 5, 86956 Schongau, Tel. 08861/7773, Fax 200678

ZIELE IN DER GEGEND

Altenstadt **(110/B 1)**
Die *Pfarrkirche St. Michael* ist die einzige vollständig erhaltene romanische Gewölbebasilika Oberbayerns. Die wunderschöne Kreuzigungsgruppe ist unter dem Namen »Großer Gott von Altenstadt« bekannt geworden. Romanischer Taufstein. *Auskunft: Tel. 08861/7315*

Hohenpeißenberg **(110–111/C–D 1)**
★ Die weithin sichtbare *Wallfahrtskirche Mariä Himmelfahrt* ist um 1620 erbaut worden und besitzt einen monumentalen barokken Hochaltar. Auf dem Kirchendach wurde 1772 die erste Bergwetterwarte eingerichtet. Juwel der Kirche ist die Gnadenkapelle in vollendetem Rokokodekor von 1747, ein Gesamtkunstwerk des bewährten Künstlerteams Franz Xaver Schmädl (Plastik), Matthäus Günther (Deckenfresken) und Joseph Schmuzer (Stukkaturen). Der 988 m hohe Peißenberg ist der berühmteste »Aussichtsbalkon« des bayerischen Voralpenlandes, deshalb auch »Bayerischer Rigi« genannt.

Polling **(111/D 1)**
Ehemaliges *Augustinerchorherrenstift.* Die Stiftskirche ist im 14. Jh. als gotische Hallenkirche erbaut, im 17./18. Jh. im Stil der Zeit umgebaut worden. Die schönsten Einzelheiten: die Madonna von Hans Leinweber (um 1510), der Hochaltar mit dem Gnadenbild (1623–1629) und dem Tassilokreuz der Gründungslegende, das schmiedeeiserne Gitter im Vorraum. Im Bibliothekssaal des Klosters (1775–1778) werden heute Konzerte veranstaltet. *Auskunft Kirche: Tel. 0881/7855, Auskunft Bibliothek: Tel. 0881/3667*

Rottenbuch **(110/C 2)**
Vom einstigen Kloster blieb die *Stiftskirche Mariä Geburt* erhalten, eine spätgotische Basilika (1447), die im Rokoko (um 1740) von der unermüdlichen Wessobrunner Familie Schmuzer anmutig-festlich ausgestattet wurde. Schöne Altarfiguren von Franz Xaver Schmädl. *Auskunft: Tel. 08867/1664*

Steingaden **(110/B 2)**
Die *Klosterkirche St. Johannes* (nach 1147) bietet von außen noch das Bild einer romanischen Basilika mit zwei stämmigen Türmen. Die Innenausstattung (1660–1750) zeigt die Entwicklung des typischen Wessobrunner Dekorationsstils zwischen Barock und Rokoko. Schönste Details sind das Renaissancechorgestühl (1534), Kanzel und Gnadenstuhl in elegantem Rokoko sowie die Deckenfresken von Johann Georg Bergmüller. Ein Flügel des romanischen Klosterkreuzgangs mit gotischer Wölbung ist erhalten geblieben. *Auskunft: Tel. 08862/200*

Vilgertshofen **(104/A 4–5)**
Die *Wallfahrtskirche zur schmerzhaften Maria,* erbaut 1686–1692 von Johann Schmuzer, gilt als ein Prachtexemplar der Wessobrunner Schule. Der Gesamteindruck wird von den herrlichen Rokoko-Stuckdekorationen bestimmt.

Weilheim **(104/C 6)**
Die Kreisstadt am Rand des Pfaffenwinkels (18 500 Ew.) profitierte im 17./18. Jh. spürbar von der anhaltenden Baukonjunktur, als deren Folge immer neue Kirchen mit kostbaren Ausstattungen entstanden. Viele gut verdienende Künstler und Handwerker investierten hier ihre Einnahmen in schöne Häuser, wie sie sich um den Marienplatz mit Mariensäule und Stadtbrunnen konzentrieren. Das *Stadt- und Pfaffenwinkelmuseum* zeigt Kunst und Kunsthandwerk aus Weilheim und dem Pfaffenwinkel. Künstlerisch ganz bedeutend: Hans Leinbergers Schmerzensmann (1526). *Tgl. außer Mo 10 bis 12 und 14–17 Uhr, am Marienplatz, Tel. 0881/68 21 00*

Auskunft: Stadtverwaltung, Admiral-Hipper-Str. 20, 82362 Weilheim, Tel. 0881/68 21 35, Fax 68 21 23

Wessobrunn **(104/B 5)**
Herzog Tassilo III. gründete Anno 753 das *Benediktinerkloster,* das im frühen Mittelalter zum bedeutenden Kulturzentrum wurde: Die »Wessobrunner Gebete« sind eines der ältesten deutschen Sprachdenkmäler; ein Gedenkstein erinnert an sie. Im 17./18. Jh. war die »Wessobrunner Schule« mit ihren überragenden Künstlerfamilien Schmuzer, Zimmermann, Feichtmair u. a. in Architektur, Plastik, Stukkatur, auch Freskenmalerei stilprägend im Kirchenbau vor allem Oberbayerns, aber auch weit darüber hinaus. In der Wessobrunner Pfarrkirche hängt ein spätromanischer Kruzifixus an einem baumartigen Kreuz (1250) – eine ergreifende Darstellung. Unterkunft: *Zur Post.* Bayerisch-bürgerlich, ideales Standquartier für Unternehmungen im Pfaffenwinkel. *82405 Wessobrunn, Tel. 08809/208, Kategorie 3*

Wieskirche **(110/C 3)**
★ Ein schlichter Bildstock, das Gnadenbild des gegeißelten Heilands, in dessen Augen – so ist es überliefert – eine Bäuerin Tränen gesehen hatte, wurde zum Anlaß einer Wallfahrt, die schnell solche Ausmaße annahm, daß der zuständige Abt von Steingaden eine Wallfahrtskirche zu bauen beschloß (1745). Er beauftragte die schon berühmten Brüder Zimmermann, Dominikus als Baumeister und Johann Baptist als Maler-Stukkateur, mit dem Bau und der Ausschmückung der Kirche »in der Wies«. Entstanden ist, was längst als die bedeutendste Rokokokirche Deutschlands (und damit auch der Welt) gilt und von der Unesco zum »Weltkulturerbe« ernannt worden ist.

Besonders hervorzuheben: die geniale architektonische Verschmelzung von Langhaus und ovalem Kuppelraum, die als Übergang vom Diesseits ins Jenseits interpretiert werden kann; das Deckenfresko, das den Blick in den Himmel zu öffnen scheint; und der unvergleichlich festliche Gesamteindruck der Kirche, für die enthusiastische Kunsthistoriker sogar die Metapher vom »himmlischen Fest- und Tanzsaal« gefunden haben. Ein spannungsreicher Kontrast jedenfalls zwischen dem leidensvollen Gnadenbild und der jubilierenden Glaubenszuversicht. *Tgl. durchgehend geöffnet, Auskunft: Tel. 08862/501*

Das Restaurant *Moser* bei der Wieskirche ist eine einfache, gut geführte Gastwirtschaft. Letzter prominenter Gast war Michail Gorbatschow. *Tel. 08862/503, Kategorie 3*

WERDENFELSER LAND

Das »Goldene Landl« vor dem imposanten Massiv des Wettersteingebirges ist, wie es aussieht, eine urbayerische Bilderbuchlandschaft. Aber das stimmt nicht ganz. Über 500 Jahre lang hat es unter dem milden Regime der Bischöfe von Freising – die waren weit weg! – ein ziemlich eigenständiges Leben geführt, bevor es 1803 an Bayern fiel. Von daher haben sich seine Bewohner einen besonderen Sinn für Unabhängigkeit und Eigensinnigkeit bewahrt. Stolz dürfen sie auch sein. Denn »ihr« Land ist ein ungewöhnlich schönes Fleckchen bayerischer Erde: Es hat die höchsten Berge Deutschlands und genießt dank dem Olympia-Doppelort Garmisch-Partenkirchen weltweit internationales Renommee.

GARMISCH-PARTENKIRCHEN

☛ **Stadtplan in der hinteren Umschlagklappe**

(111/D 5) Der in seinem weitläufigen Talkessel immer mehr zusammenwachsende Doppelort weigert sich trotz seiner 30 000 Ew. hartnäckig, Stadt zu werden. »Marktgemeinde«, meint man, klingt gemütlich und überschaubarer. Aber »Ga-Pa« ist nicht nur heilklimatischer Kurort und eine beliebte Sommerfrische, sondern auch internationaler Wintersportplatz, Verkehrs- sowie Vergnügungszentrum für ein großes Einzugsgebiet sowie Treffpunkt für ein zahlungskräftiges Publikum, nicht zuletzt aus den USA. Das alles setzt so viel moderne Infrastruktur voraus, daß das Idyll nur noch in ein paar verborgenen Winkeln überleben konnte. Die beiden Ortsteile kommen aus ganz unterschiedlichen Familien. »Bürgerlich« ist die Abstammung von Partenkirchen, das schon zur Römerzeit und ebenso im Mittelalter ein bedeutender Handelsstützpunkt auf dem Weg von Italien nach Deutschland und umgekehrt war. Das »bäuerliche« Garmisch dagegen war die längste Zeit ein Kuhdorf, das erst mit dem beginnenden Fremdenverkehr zu Wohlstand kam. Nur der Zwang von höchster Stelle brachte vor den Olympischen Winterspielen 1936 die Vereinigung der Ortsteile zustande.

Als Talort der Zugspitze, mit 2963 m Deutschlands höchster Gipfel, ist es zunächst berühmt geworden. Zu den zerfurchten Felsenmauern des Wettersteins kontrastieren harmonisch die sanfteren Hausberge im Norden, der Wank und der Kramer, der breite Fichtenwaldgürtel und die saftig grünen Wiesenmatten. Als spezielle Attraktionen nicht zu vergessen die wildromantischen Schluchten von Partnach- und Höllentalklamm, die idyllischen Bergseen und die zahlreichen Bergbahnen.

BESICHTIGUNGEN

Spaziergang durch Partenkirchen: *Ludwigstraße,* die alte Haupt- und Durchfahrtsstraße, mit schönen Hausfassaden. Abstecher zur kleinen *Wallfahrtskapelle St. Anton* am Westhang des Wanks auf dem Kreuzweg; schönes Deckenfresko von Johannes Holzer (1739).

Spaziergang durch Garmisch: Zentral am *Marienplatz* steht die *Neue Pfarrkirche St. Martin,* erbaut 1730–1734 von dem Wessobrunner Meister Joseph Schmuzer, ein bildschönes Exempel oberbayerischer Rokokobaukunst. Jenseits der Loisach, etwas abseits vom heutigen Zentrum, steht die *Alte Kirche St. Martin,* 1280 erbaut und mit bedeutenden gotischen Fresken geschmückt. Von hier aus lohnt ein Abstecher in die *Frühlingsstraße,* Garmischs meistfotografiertes Dorfidyll.

RESTAURANTS

Gasthof zum Lamm
Ein bodenständiges Haus mit einfacher Küche und echtem Lokalkolorit. *Ortsteil Garmisch, Forstamtsweg 1, Tel. 08821/2750, Mi–So 10–22 Uhr, Anfang Nov. bis Mitte Dez. geschl., Kategorie 3*

Reindl's Restaurant
Traditionsreich, gepflegt und mit gehobener, gemäßigt zeitgemäßer Küche. Auch Hotelbetrieb *Partenkirchner Hof (85 Zi.). Ortsteil Partenkirchen, Bahnhofstr. 15, Tel. 08821/58025, tgl. 11.30–15 und 18.30–24 Uhr, 20. Nov.–Mitte Dez. geschl., Kategorie 1*

EINKAUFEN

Trachten- und Sportmoden zwischen *Marienplatz, Kurpark* und (Garmischer) *Bahnhofstraße,* z.T. Fußgängerzone

HOTELS

Gasthof Fraundorfer
Traditionsgasthof im Ortszentrum von Partenkirchen mit angeschlossenem Gästehaus *Barbara.* Beliebtes Lokal mit Heimatabenden. Sauna, Solarium. *26 Zi., 3 Apartments, 5 Suiten, Ludwigstr. 24, Tel. 08821/2176, Fax 71073, tgl. außer Di 10–23 Uhr, Kategorie 3*

Posthotel Partenkirchen
Schönes altes, dennoch komfortables Haus mit Bauernzimmern, nach hinten hinaus ruhiger Garten. *50 Zi., Ortsteil Partenkirchen, Ludwigstr. 49, Tel. 08821/51067, Fax 78568, Kategorie 1*

AM ABEND

Disco Evergreen
Klammstr. 47, beim Schwimmbad, Tel. 08821/72626

Konzerte und Kurtheater
Im Kongreßhaus, Eingang Parkstr., Tel. 08821/4862 und 2487

New John's Club
Am Rathausplatz 7, Tel. 08821/2400

Spielbank – Casino
Roulette, Bakkarat, Blackjack, Automaten. Restaurant und Bar. *Am Kurpark 10, Tel. 08821/95990, tgl. ab 15 Uhr*

SPIEL UND SPORT

Tennis, Squash, Rafting, Paragliding. Schwimmbäder: *Kainzenbad, Loisachbad, Strandbäder Rießersee* und *Pflegersee, Alpspitz-Wellenbad, Hallen- und Freibad beim Eisstadion, Tel. 08821/753313*

Eisstadion
Olympia-Eisstadion, mit 4000 qm eine der größten Kunsteisanlagen Europas. *In der Nähe des Zugspitzbahnhofs, Tel. 08821/75 32 91*

Golfplatz
9-Loch-Anlage nördlich des Ortes. *Burgstraße, Tel. 08821/24 73*

Wintersport
Garmisch-Partenkirchen ist unstreitig Deutschlands Wintersportplatz Nr. 1. *Alpinskilauf* in vier »Etagen«, schneesicher auf dem Zugspitzplatt, *Langlaufloipen.* Viele internationale Wettkämpfe werden hier ausgetragen.

BERGBAHNEN

Die wichtigsten Bergbahnen: die nostalgische *Zahnradbahn* ab *Zugspitzbahnhof,* die *Seilschwebebahn* ab *Eibsee* und die *Gipfelseilbahn* vom *Zugspitzplatt* zum *Zugspitzgipfel,* ferner *Osterfelder-, Hochalm-, Kreuzeck-* und *Wankbahn.*

Zugspitze **(110/C 6)**
★ Wegen der Aussicht vom Gipfel (2963 m): An klaren Tagen sind die Hohen Tauern, die Berge der Ostschweiz (Säntis) und die Kammlinie des Böhmerwaldes zu sehen. Empfehlenswert ist eine Rundfahrt mit Zahnrad- und Seilschwebebahn. *Auskunft: Bayerische Zugspitzbahn AG, Tel. 08821/79 70*

AUSKUNFT

Verkehrsamt der Kurverwaltung
Bahnhofstr. 34, 82467 Garmisch-Partenkirchen, Tel. 08821/18 06, Fax 180 55

ZIEL IN DER UMGEBUNG

Höllentalklamm **(111/D 5)**
Von *Hammersbach* in 3 Std. durch die Schlucht zur *Höllentalangerhütte* und zurück; Variante über *Knappenhäuser* und *Kreuzeck* in 5 Std.

MITTENWALD

(111/E 5) Mittenwald ist attraktiv wie noch nie. Verschont vom umgeleiteten Durchgangsverkehr, verkehrsberuhigt im Zentrum, liebevoll gepflegt und restauriert, bietet der ★ historische Ortskern um *Pfarrkirche, Obermarkt, Untermarkt* und *Gries* sich als städtebauliches Kleinod dar, dem in Deutschland wenig gleichkommt.

BESICHTIGUNGEN

Ortsbummel rund um die Kirche: Der Kirchturm der *Pfarrkirche St. Peter und Paul* ist das Wahrzeichen von Mittenwald; mit seiner üppigen Bemalung gehört er zu den schönsten in Bayern. Die Kirche selbst ist ein Bau des Wessobrunners Joseph Schmuzer (1738–1740). Auffallend sind die Hausfassaden mit den Lüftlmalereien, die nur noch in Oberammergau so zahlreich vorkommen. Besondere Beachtung verdienen die Häuser *Goethestr. 23 (Schlipferhaus), Gries 28/30* mit dem biblischen Gleichnis vom Splitter und vom Balken, *Obermarkt 1 (Gasthaus Alpenrose), Obermarkt 2 (Goethehaus), Obermarkt 4 (Pilgerhaus)* und *Obermarkt 24 (Neunerhaus).* Die meisten Lüftlmalereien stammen von Franz Zwinck und Franz Karner (1737–1817).

Von 2963 m Höhe bietet die Zugspitze eine herrliche Aussicht

RESTAURANT

Arnspitze
Ein nettes Lokal für Feinschmekker mit besonders günstigem Preis-Leistungs-Verhältnis. *Innsbrucker Str. 68, Tel. 08823/2425, tgl. außer Di und Mi 12–14.30 und 18–23 Uhr, nach Ostern drei Wochen und Ende Okt.–19. Dez. geschl., Kategorie 2–3*

HOTEL

Tonihof
Liegt etwa 4 km außerhalb, an einem der schönen Plätze zwischen Mittenwald und dem Rest der Welt; sehr ruhig. *20 Zi., Buckelwiesen 3, Tel. 08823/5031, Fax 1783, tgl. außer Mi 11–22 Uhr, Ende Okt.–20. Dez. geschl., Kategorie 2*

SPIEL UND SPORT

Schwimmbad, Kunsteisstadion, Tennisplätze, Reiterhof. Alle Arten von Wintersport sind hier selbstverständlich möglich. Für gute Alpinskifahrer z. B. die berühmte *Dammkarabfahrt,* 6,5 km lang und damit die längste in Deutschland.

BERGBAHN

Karwendelbahn
Bergstation 2244 m, unterhalb der Karwendelspitze. Berühmte Aussicht, Restaurant. Ausgangsort für den »Mittenwalder Klettersteig« und die Dammkarabfahrt. *Tel. 08823/8480*

AUSKUNFT

Kurdirektion
Dammkarstr. 3, 82481 Mittenwald Tel. 08823/33981, Fax 2701

ZIEL IN DER UMGEBUNG

Jagdschloß Schachen **(111/D 6)**
Das orientalisch anmutende Bauwerk Ludwigs II. steht auf dem 1866 m hohen Schachen und ist nur zu Fuß erreichbar *(von Mittenwald über die Elmau auf dem Königsweg oder, länger, über Lauter- und Ferchensee).*

Oberbayerisches Herzland

Hier erfüllt sich immer noch der Traum vom weißblauen Paradies

Im »Zweistromland« ist Oberbayern am kernigsten, ungeachtet der Millionen Touristen. Hier werden die prächtigsten Trachten getragen, gehen die schaurigsten Wilderergeschichten um, wird am innigsten musiziert, ganz unverschnulzt, notabene.

ISARWINKEL

Dieses urbayerische Kernland wird eingerahmt von Isar und Loisach, überragt von der weithin, oft über München hinaus sichtbaren, mächtigen Benediktenwand (1801 m). Hier begegnet man den schönsten Trachtendirndln, Gebirgsschützen und Blaskapellen. Und da sie ja alle ihren Spaß an der Freud' haben wollen, wird an jedem Wochenende, jedem Feiertag irgend etwas mit Messe und Fahnenweihe, Umzug und schmetterndem Trara, mit Waldbühne, Festzelt und Tanzplatz, mit Bier und Brotzeit ausgiebig gefeiert: eine Hochzeit, ein Heiliger oder wenigstens ein »Hebauf« (Richtfest).

Einfach schön: der Tegernsee

KOCHEL AM SEE

(112/A 4) Der freundliche Luftkurort am Nordostufer des Kochelsees hat eine schöne Zwiebelturmkirche, St. Michael geweiht, vom Ende des 17. Jhs. Interessanter werden die meisten Besucher das Denkmal für den »Schmied von Kochel« finden. Es erinnert an den tapferen Balthes, der 1705 beim blutigen Kampf in der »Sendlinger Mordweihnacht« gegen die Österreicher als letzter die bayerische Fahne hochhielt.

Kochel- und Walchensee gehören zusammen wie Kastor und Pollux, die unzertrennlichen »Dioskuren«. Verbunden sind sie untereinander durch die 6 km lange Kesselbergstraße, die über 36 Kurven von Kochel (610 m) nach Urfeld (802 m) führt. Oberhalb von Urfeld erinnert ein Denkmal an Johann Wolfgang von Goethe, der hier am Anfang seiner »italienischen Reise« den Blick über den See und auf die Berge genoß. Der *Walchensee* ist der größte und tiefste (192 m) Bergsee in Deutschland, vielleicht sogar der schönste. In seinem kalten, klaren,

MARCO POLO TIPS FÜR DIE REGION ZWISCHEN LOISACH UND INN

1 **Mit der Zahnradbahn auf den Wendelstein**
Ein nostalgisches Erlebnis (Seite 62)

2 **Walchensee-Kraftwerk**
Für Technik-Laien interessant (Seite 55)

3 **Kloster Reutberg**
Kirche mit Blick, Biergarten mit Brotzeit (Seite 57)

4 **Franz-Marc-Museum in Kochel**
Ein großer Künstler wird präsentiert (Seite 54)

5 **Ritterspiele in Kiefersfelden**
Jeden Sommer wieder ein starkes Erlebnis (Seite 63)

6 **Schliersbergalm**
Mit einer Sommerrodelbahn für den Rückweg (Seite 57)

7 **Herzogliches Bräustüberl in Tegernsee**
Unter hallenden Gewölben die beliebteste Bierquelle weit und breit (Seite 61)

rühmenswert sauberen Wasser spiegeln sich die bewaldeten Berge ringsum. Die Ufer sind größtenteils unverbaut. Einmalig ist die Pflanzenwelt auf der kleinen *Insel Sassau* (Naturschutzgebiet). Die ausgedehnten Sumpfgebiete im Norden lassen erkennen, daß der heute 6 qkm große *Kochelsee* nach der Eiszeit viel größer war. Außer an den Badeplätzen auf der Ostseite sind seine Ufer schwer zugänglich. *Juni–Sept. tgl. vier Schiffsrundfahrten, Dauer 75 Min., Auskunft: Tel. 08851/338*

MUSEUM

Franz-Marc-Museum
★ Der berühmte Maler, ein Sohn der Stadt München, hat zeitweise in Ried bei Kochel gelebt und ist auf dem Kocheler Friedhof begraben. Über 100 sehr schöne Werke aus dem Nachlaß des Künstlers und anderer Mitglieder des »Blauen Reiters« werden gezeigt. *Herzogstandweg 43, im Sommerhalbjahr Di bis So 14–18 Uhr, Tel. 08851/7114*

HOTEL/RESTAURANT

Seehotel Grauer Bär
Von dem etwa 1 km südlich des Ortszentrums an der Kesselbergstraße gelegenen Haus hat man einen schönen Blick auf See und Berge. *Mittenwalder Str. 82, Tel. 08851/861, Fax 1607, tgl. außer Mi 11.30–23 Uhr, Kategorie 2*

SPIEL UND SPORT

Am nördlichen Seeufer erstreckt sich die großzügige Freizeitanlage *Trimini* mit verschiedenen Badebecken und einer 160 m langen Wasserrutschbahn. *Seeweg 2, Tel. 08851/5300, tgl. 9–20.30 Uhr*

AUSKUNFT

Verkehrsamt
Kalmbachstr. 11, 82431 Kochel, Tel. 08851/338, Fax 55 88

ZIELE IN DER UMGEBUNG

Benediktbeuern (112/A 3)
Das 739 gegründete Kloster war eine der ältesten und bedeutendsten Benediktinerabteien des Landes. Hier entstanden die »Carmina Burana«, die größte mittelalterliche Liedersammlung. Die heutige Klosteranlage stammt im wesentlichen aus der 2. Hälfte des 17. Jhs. Hervorzuheben sind die Festsäle in Konvent- und Prälatenbau, die frühbarocke *Klosterkirche St. Benedikt* (1680–1683) und das lichtdurchflutete Oval der *Anastasiakapelle,* ein Rokokokleinod von Johann Michael Fischer, erbaut 1751–1758. Kulturgeschichtliche Ausstellungen, regelmäßige Konzertveranstaltungen. *Auskunft und Veranstaltungsplan: Tel. 08857/880*

Herzogstandbahn (111/F 3–4)
Beliebte Kabinenbahn vom Dorf *Walchensee* zum *Fahrenbergkopf* (1627 m). Von da aus spaziert man zum *Herzogstandgipfel* (1731 m); vom Kesselbergsattel aus gibt es einen Reitweg. Die Gratwanderung vom Herzogstand zum Heimgarten mit Abstieg nach Walchensee ist nur schwindelfreien und ausdauernden Bergwanderern zu empfehlen. Auf der anderen Seite des Kesselbergsattels ist der Jochberg (1567 m) ebenfalls ein beliebtes Bergwanderziel (2 1/2 Std.). *Tgl. 8.45–16.45 Uhr, Auskunft: Tel. 08858/236*

Dorf Walchensee (111/F 4)
Erholungsort am Westufer des Sees mit einigen Badeplätzen, Boots- und Surfbrettverleih. *Auskunft: Verkehrsamt, 82432 Walchensee, Tel. 08858/411, Fax 275*

Walchensee-Kraftwerk (112/A 4)
★ Das 1918–1924 erbaute Walchensee-Kraftwerk, das die 200 m Gefälle zwischen Walchen-

Einmalig ist die Pflanzenwelt der Insel Sassau im Walchensee

und Kochelsee nutzt, um bis zu 120 MW Strom zu produzieren, gilt noch heute als Meisterleistung technischer Baukunst. *Tgl. 9–17 Uhr, auch So und feiertags, Tel. 08851/770*

BAD TÖLZ

(112/B 2–3) Der Hauptort des Isarwinkels (Kreisstadt, 13 400 Ew.) zeigt seinen Besuchern zwei unterschiedliche Gesichter. Auf der einen Isarseite liegt die Bürgerstadt, die, aus einer Fischersiedlung hervorgegangen, sich um die Marktstraße konzentriert. Auf der anderen Isarseite breitet sich der neue Badeort aus. Dank rein und stark sprudelnden Jodquellen hat er sich zu einem Heilbad von europäischem Ruf entwickelt. Hervorzuheben ist das traditionsreiche Tölzer Kunsthandwerk, insbesondere die Schreiner, deren schön bemalte Schränke (»Tölzer Kästen«) auf den Isarflößen in alle Welt hinausgeschickt wurden.

BESICHTIGUNGEN

Kleiner Stadtrundgang

Von der *Isarbrücke* aus zieht sich die *Marktstraße* den Hang hinauf zum Ortsteil *Mühlfeld.* Mit ihren behäbigen Giebelhäusern gehört sie zu den schönsten Straßenzügen Bayerns. Die Hausfassaden unter den weit hervorragenden Dächern sind reich bemalt. Die meisten Häuser stammen aus dem 18. Jh. Zu den sehenswertesten gehören das *Höflingshaus,* das *Metzgerbräuhaus* und das *Sporerhaus.* Auch in den Seitenstraßen kann man lohnende Entdeckungen machen. Das 1903 von Gabriel von Seidl erbaute *Alte Rathaus* fügt sich ohne Bruch in das einheitliche Bau-Ensemble ein; heute ist hier das Heimatmuseum.

Kalvarienberg

Auf einer Anhöhe nördlich von Bad Tölz steht am Ende eines Kreuzweges (15 Min. von der Isarbrücke) die zweitürmige *Wallfahrtskirche* (1723–1732). Von oben hat man einen weiten Blick auf die Berge des Isarwinkels und des Karwendelgebirges. Im Westen schließt sich die *Leonhardskapelle* an (1718–1722).

Stadtpfarrkirche Mariä Himmelfahrt

Die spätgotische Hallenkirche, erbaut um 1460, steht bescheiden im Hintergrund des unteren Teils der *Marktstraße.* Sie hat ein sehr schönes Netzgewölbe. Unter den Grabsteinen im Kircheninneren sticht der des Kaspar Winzerer in voller Rüstung besonders hervor; der 1542 Gestorbene war Rat und Statthalter des Herzogs (»Pfleger«) in Tölz.

MUSEUM

Heimatmuseum

Auf fünf Stockwerken werden im *Heimat- und Bürgerhaus* Trachten und Erzeugnisse der Tölzer Büchsenmacher, bemalte Schränke und Truhen sowie viele bäuerliche Produkte der einheimischen Schnitzer gezeigt. *Altes Rathaus, Tel. 08041/50 42 88*

RESTAURANT

Zum alten Fährhaus

Idyllischer Platz am Isarufer, 3 km von der Altstadt entfernt. Ambitionierte Küche. Auch ein paar Zimmer werden vermietet. *An der Isarlust 1, Tel. 08041/6030, Mi–So 11.30–14 und 18–23 Uhr, Kategorie 1*

HOTEL

Hotel Pension Bellaria
Gepflegt und ruhig. *25 Zi., Ludwigstr. 22, Tel. 08041/80080, Fax 800844, Kategorie 2*

SPIEL UND SPORT

Schwimmbad
Erlebnisbad *Alpamare* mit Thermalhallenbad, Thermalsprudel-Freibad und Brandungswellenbad. *Tgl. 8–21 Uhr, Ludwigstr. 13, Tel. 08041/509333*

Kunsteisstadion
Für Eishockey, Eislauf und Eisstockschießen. *Tel. 08041/2004*

BERGBAHN

Freizeitzentrum Blombergbahn
Bergbahn auf den Hausberg der Tölzer, den Blomberg (1203 m). Wandergebiet, Sommerrodelbahn, im Winter Abfahrtsskilauf. *An der Straße nach Kochel, Tel. 08041/3726, im Sommer tgl. 8.30 bis 18 Uhr, im Winter tgl. 9–16 Uhr, abends 19–22 Uhr*

AUSKUNFT

Kurverwaltung
Ludwigstr. 11, 83646 Bad Tölz, Tel. 08041/78670, Fax 786756

ZIELE IN DER UMGEBUNG

Die Jachenau **(112/A–C4)**
Auffallend schöne Einzelhöfe sind über das Jachenautal verstreut. Star unter ihnen: der 300 Jahre alte Luitpolder Hof mit seinen aufgemalten Spruchweisheiten. *Auskunft: Verkehrsamt, 83676 Jachenau, Tel. 08043/368*

Reutberg **(112/C2)**
★ Das Franziskanerinnenkloster liegt herrlich vor den Bergen. Die Kirche stammt von 1733–1735, im Kloster ist die älteste Apotheke Deutschlands. Schöner Biergarten mit alten Kastanien, einfacher Brotzeit, Bier aus der Klosterbrauerei und schönem Blick. *83679 Reutberg bei Sachsenkam, Tel. 08021/8686*

Sylvenstein-Stausee **(112/B–C5)**
Die Isarregulierung zur Vermeidung von Überschwemmungen hat zur Anlage des Stausees geführt. Mit seinen Buchten und grünen Ufern wirkt der See ganz natürlich. Er ist vor allem bei Surfern beliebt, aber auch bei abgehärteten Badefreunden.

SCHLIERSEE

(113/E3) Der Schliersee gilt als ländliches Pendant zum mondänen Tegernsee. Wie ein hübsches, bläulich schimmerndes Juwel liegt er in seiner Fassung aus Waldbergen. Der Markt Schliersee am Nordufer des Sees ist aus einem 1141 gegründeten *Augustinerchorherrenstift* hervorgegangen und hat sich in neuerer Zeit zu einem liebenswürdigen Kurort entwickelt. Den schönsten Überblick auf Ort, See und Umgebung hat man von der ★ *Schliersbergalm* (1061 m, Gondelbahn). Oben warten Hotel, Restaurant und für den Rückweg die vergnügliche Sommerrodelbahn.

Die Pfarrkirche St. Sixtus in dem liebenswürdigen Kurort Schliersee am Schliersee

Schliersee bietet ein modernes Kurzentrum mit Hallenbad, Sauna und medizinischen Anwendungen. *Perfallstr. 4, tgl. 14 bis 20 Uhr, Do, Sa, So 10–20 Uhr, Tel. 08026/69 02*

BESICHTIGUNGEN

Im Ortsbild fallen das spätgotische *Schrödelhaus* auf, in dem das Heimatmuseum untergebracht ist, das originelle Schlierseer *Bauerntheater,* 1892 erbaut, in dem immer noch Theater gespielt wird, und das schönste Haus von Alt-Schliersee, das Rathaus aus dem 15. Jh.

Pfarrkirche St. Sixtus
Die romanische Stiftskirche aus dem 12. Jh. ist nach 1712 in festlichem Rokoko restauriert worden. Stuck und Fresken sind Frühwerke von Johann Baptist Zimmermann. Der geschnitzte Gnadenstuhl soll von Erasmus Grasser sein (um 1500), die gemalte Schutzmantelmadonna von Jan Polack (vermutlich 1495).

AUSKUNFT

Kurverwaltung
Bahnhofsplatz, 83727 Schliersee, Tel. 08026/40 69, Fax 23 25

ZIEL IN DER UMGEBUNG

Spitzingsee **(113/E 4)**
Über die Ortsteile Fischhausen und Neuhaus sowie die Spitzingstraße erreicht man den Spitzingsee, ein Ganzjahresrevier: im Sommer und im Herbst für Wanderer, im Winter und im Frühjahr für Skifahrer. Der See selbst ist zum Baden zu kalt, doch neuerdings von den Surfern entdeckt worden. Die bekanntesten Gipfel ringsum: Stümpfling, Bodenschneid, Taubenstein und Rotwand, mit 1884 m der höchste von allen. Ein komfortables Haus ist das *Arabella-Spitzingsee-Hotel* mit Hallenbad, Tennisplatz und, im Josephi-Grill, guter Küche *(80 Zi., Spitzingstr. 5, 83727 Schliersee-Spitzingsee, Tel. 08026/79 80, Fax 79 88 79, ganzjährig geöffnet, Restaurant 10–22.30 Uhr, Kategorie 1).*

TEGERNSEER TAL

(113/D 3) In der Meinung, daß der Tegernsee nach oder neben dem Königssee Oberbayerns schönster See sei, stimmen die meisten Kenner überein. Sein Ruf wird nur dadurch ein wenig beeinträchtigt, daß sich Neureiche und Schickimickis, Abschreibungsmillionäre und Politprofiteure in beträchtlicher Zahl hier angesiedelt haben. (Schon in der Nazizeit wurde er heimlich als Lago di Bonzo bezeichnet.) Doch was kann der See dafür, daß er so schön ist? Daß die ihn umstehenden sanften grünen Berge sich so friedlich in seinem klaren blauen Wasser spiegeln können? Gewiß, die Reize des Tegernsees blühen schon lange nicht mehr im verborgenen. Denn Benediktinermönche hätten sicher kein Kloster (Anno 746) gegründet, wenn es ihnen hier nicht gefallen hätte.

Der Tegernsee ist nicht groß: 6 km lang, bis zu 2 km breit. Dank der Ringkanalisation genießt seine Wasserqualität einen überdurchschnittlich guten Ruf. Seine Ufer sind nur an wenigen Stellen frei zugänglich; Baden ist faktisch nur in den Strandbädern möglich. Am besten lernt man ihn vom Wasser aus kennen, auf einem der kleinen weißen Motorboote, welche die vier Hauptorte am See miteinander verbinden. *Auskunft: Staatliche Schiffahrt Tegernsee, Seestr. 70, 83684 Tegernsee, Tel. 08022/ 933 11*

GMUND

(113/D3) Am Nordende des Sees gelegen, bietet Gmund den schonsten Blick über den See und die Berge dahinter. Wie die anderen Tegernseeorte auch leidet es unter dem nicht abreißenden Durchgangsverkehr.

BESICHTIGUNG

Pfarrkirche St. Ägidius
Die Kirche gehört zu den am wenigsten bekannten Kostbarkeiten am See. Der Barockbau aus dem späten 17. Jh. birgt Kunstschätze von hohem Rang, so ein Dreikönigsrelief von 1520 und ein Holzrelief des Barmherzigen Samariters (1763) von Ignaz Günther.

RESTAURANT

Gutshof Kaltenbrunn
Wunderschöne Lage über dem Seeufer mit weitem Blick; ein gemütlicher Biergarten ist auch dabei. Zu empfehlen der 20minütige Spaziergang von Gmund auf der Uferpromenade. *Tel. 08022/79 69, Kategorie 2*

ROTTACH-EGERN

(113/D3) Der Doppelort breitet sich am Südende des Tegernsees aus – im wahrsten Sinne des Wortes. Unbestritten ist er der führende Ort am See, wenn es um Betrieb, Unterhaltung, Nobelmarken und Prominenz geht.

BESICHTIGUNG

Pfarrkirche St. Laurentius
Am Seeufer ragt spitztürmig die spätgotische Pfarrkirche St. Laurentius von Egern auf, deren Prachtstück ein barocker Hochaltar von 1690 ist. Umgeben wird sie von einem schönen und berühmten Friedhof, auf dem neben Bauernfamilien auch die Schriftsteller Ludwig Thoma und Ludwig Ganghofer, der Sänger Leo Slezak und der Maler Olaf Gulbransson begraben sind.

RESTAURANTS

Hubertusstüberl
Im *Parkhotel Egerner Hof.* Die bayerisch-bürgerliche Variante

zum Gourmetlokal *Dichterstub'n* ist im selben Haus. *Aribostr. 19–21, Tel. 08022/66 00, Kategorie 2*

Zur Post
Traditionswirtshaus mit Biergarten und einem recht passablen Schweinsbraten. *Nördliche Hauptstr. 17, Tel. 08022/667 80, Kategorie 3*

EINKAUFEN

In den Geschäften und Boutiquen an der *Hauptstraße* sowie an der *Seestraße* ist die Auswahl an Nobelprodukten nicht viel kleiner als in der Hauptstadt München.

HOTELS

Parkhotel Egerner Hof
Nobles Haus mit eigenem Seezugang. *86 Zi., Aribostr. 19–21, Tel. 08022/66 60, Fax 66 62 00, Kategorie 1*

Gästehaus Maier/Zum Kirschner
Schönste Lage am Seeufer; das Bayerntum ein wenig krachledern. *31 Zi., Seestr. 23, Tel 08022/671 10, Fax 671137, Kategorie 2*

Villa Svendsen
Angenehme Garni-Unterkunft in ruhiger Lage. *10 Zi., Fürstenstr. 30, Tel. 08022/269 41, Kategorie 3*

SPIEL UND SPORT

Alle modernen Einrichtungen eines heilklimatischen Kurorts stehen zur Verfügung. Öffentliches Strandbad mit beheiztem Großschwimmbecken. Tennisplätze, Reitställe. Alle Arten von Wintersport.

BERGBAHN

Wallbergbahn **(113/D 4)**
Vom Ortsteil Obernach mit der Kleinkabinenbahn zum 1620 m hohen *Wallberghaus* (Restaurant). Vom nahen *Wallberggipfel* herrlicher Blick über den See, an klaren Tagen bis nach München. *Sommerbetrieb tgl. 8.30–17 Uhr, Winterbetrieb tgl. 8.30–16.30 Uhr, Tel. 08022/240 86*

AM ABEND

Nightclub im Hotel *Bachmair* am See. Bands und Gastspiele. *Seestr. 47, Tel. 08022/27 20*

AUSKUNFT

Kuramt
Im Rathaus, Nördliche Hauptstr. 9, 83700 Rottach-Egern, Tel. 08022/6713 41, Fax 6713 47

TEGERNSEE

(113/D 3) Der Markt und Kurort war einst »erster Platz« am See. Von dem im Jahr 746 gegründeten Benediktinerkloster ist nicht viel erhalten geblieben.

BESICHTIGUNGEN

Der schönste Platz im Ort ist der vor der einstigen *Klosterkirche St. Quirin* und dem aus dem Kloster hervorgegangenen früheren *Schloß* der Herzöge in Bayern, in dem heute ein Gymnasium mit Internat, das Heimatmuseum und das Herzogliche Brauhaus Tegernsee untergebracht sind. Schönster Badeplatz ist die kleine *Halbinsel Point* im Süden, vom Ortszentrum in 10 Min. zu Fuß zu erreichen. Doch in Tegernsee kann man den See auch von weiter oben genießen, z. B. vom Aussichtspunkt *Großer Paraplui* aus, der 100 m über dem Ort liegt und ebenfalls in wenigen Minuten zu erreichen ist.

RESTAURANTS

Herzogliches Bräustüberl
★ Unter alten, hallenden Gewölben die berühmteste Bierschenke weit und breit, bei Bayern und Preußen gleichermaßen beliebt. *Tel. 08022/41 41, tgl. ab 9 Uhr, Kategorie 3*

Der Leeberghof
Gemütliches Lokal mit sehr guter Küche und schöner Aussicht; im Sommer Terrasse und Gartenlokal. Münchner fahren eigens heraus, um hier zu essen. *Ellinger Str. 10, Tel. 08022/39 66, tgl. außer Mo 12–14 und 18–22 Uhr, Kategorie 1*

HOTEL

Gästehaus Fackler
Im oberen Ortsteil, schöne Lage, mit Seeblick (nicht aus allen Zimmern). *25 Zi., Karl-Stieler-Str. 14, Tel. 08022/917 60, Fax 917 615, Kategorie 2*

SPIEL UND SPORT

Reiten, Tennis, Squash. Strand- und Freibad. Hallenbad im Kurmittelhaus.

AUSKUNFT

Kuramt/Haus des Gastes
Hauptstr. 2, 83684 Tegernsee, Tel. 08022/18 01 40, Fax 37 58

ZIEL IN DER UMGEBUNG

Neureut **(113/D 3)**
Eine Wanderung auf die Neureut (1264 m), Tegernsees »Hausberg«, mit Wirtshaus sollte niemand versäumen.

BAD WIESSEE

(113/D 3) Anfang dieses Jahrhunderts hat das Bauerndorf Karriere zu machen begonnen mit der Entdeckung der ergiebigen Jod- und Schwefelquellen, die bei Herz- und Kreislaufstörungen, Rheuma sowie Erkrankungen der Atmungsorgane und bei Augenkrankheiten wirksam sind.

RESTAURANT

Freihaus Brenner
Beliebtes Ausflugslokal mit schönem Blick über den See. *Tel. 08022/820 04, tgl. durchgehend 10–24 Uhr, Kategorie 2*

HOTEL

Terrassenhof
Mit Hallenbad und eigenem Seezugang. *80 Zi., Adrian-Stoop-Str. 50, Tel. 08022/86 30, Fax 8 17 94, Kategorie 1 und 2*

SPIEL UND SPORT

Alle Arten von Wasser- und Wintersport. Reiten, Frei- und Hallentennis. 9-Loch-Golfplatz *(Rohbogen 1, Tel. 08022/87 69).*

AM ABEND

Spielbank
Das sehr beliebte Kasino hat Roulette, American Roulette

und Blackjack im Programm. *Bodenschneidstr. 10, Tel. 08022/983 50, tgl. ab 15 Uhr*

AUSKUNFT

Kuramt
Adrian-Stoop-Str. 20, 83707 Bad Wiessee, Tel. 08022/860 30, Fax 86 03 30

WENDELSTEINGEBIET

Eindrucksvoll ragt der felsengraue Charakterkopf des Wendelsteins **(114/A3)** ins Voralpenland hinein. Seine exponierte Lage (1838 m) mit prächtiger Fernsicht hat ihm die technischen Anlagen eingebracht: Sonnenobservatorium, Wetterwarte, Rundfunkstation und Fernsehantenne.

★ Verglichen damit stellen Wendelsteinhaus (erbaut 1883) und Wendelsteinkapelle (1889) altehrwürdige Einrichtungen dar. Von Brannenburg aus rattert seit 1912 die nostalgische Zahnradbahn den Berg hinauf (Fahrzeit 25 Min.). Die Großkabinenbahn auf der Südseite braucht nur 6 Min., ist aber als Alternative zu verstehen, nicht als Konkurrenz. Übrigens: Man kann den Wendelstein immer noch zu Fuß besteigen!

BAYRISCHZELL

(114/A3) Es gibt gute Gründe dafür, Bayrischzell als Oberbayerns schönstes Bilderbuchdorf zu bezeichnen. Im Mittelpunkt steht, alles überragend, der spitze, spätgotische Kirchturm der *Pfarrkirche St. Margaretha*, um die sich die Häuser des Dorfes scharen wie die Küken um die Glucke. Ein echtes Dorf ist Bayrischzell schon lange nicht mehr. Doch die Umwandlung in einen Ferienort ist gut gelungen.

HOTELS/RESTAURANTS

Gasthof Alpenrose
Schönes nostalgisches Haus der Jahrhundertwende. *30 Zi., Schlierseer Str. 6, Lokal tgl. durchgehend bis 24 Uhr, Anfang Nov. bis Mitte Dez. geschl., Tel. 08023/10 40, Kategorie 2*

Zur Post
Traditionsgasthaus der einfachen Art. *45 Zi., Schulstr. 3, Tel. 08023/226, Kategorie 3*

AUSKUNFT

Kurverwaltung
Kirchplatz 2, 83735 Bayrischzell, Tel. 08023/648, Fax 10 34

ZIEL IN DER UMGEBUNG

Fischbachau/Birkenstein (113/E3)
Das malerische Dorf im Leitzachtal sticht durch seine schönen alten Bauernhöfe und seine Lüftlmalereien ins Auge. Die als Kirche eines Benediktinerklosters errichtete *Pfarrkirche St. Martin,* ein ursprünglich romanischer Bau aus der Zeit um 1100, erhielt im 18. Jh. eine wunderschöne Spätbarock- und Rokokoausstattung; der prachtvolle Hochaltar kam gegen 1770 hinzu. Die *Wallfahrtskirche Birkenstein,* 1 km taleinwärts auf der Höhe gelegen, ist dem »Heiligen Haus« (Casa Santa) in Loreto in Mittelitalien nachgebildet. *Auskunft: Verkehrsamt, Kirchplatz 10, 83730 Fischbachau, Tel. 08028/876*

Sudelfeld **(114/A 3)**
Ausflugsziel für Spaziergänger und Bergwanderer. Im Winter Skigebiet der Münchner.

BRANNENBURG-DEGERNDORF

(114/A–B 3) Beliebter Sommer- und Winterkurort im Inntal mit einem bemerkenswerten Wahrzeichen: der *Biber,* einer 50 m hohen, 10 Fußballfelder großen, frei aus der Talsohle aufragenden Nagelfluhwand. An ihre Südseite lehnt sich die *St.-Magdalenen-Klause* mit Kapelle (erbaut 1629). Hier ist die Talstation der Wendelstein-Zahnradbahn.

BESICHTIGUNG

Ein lohnender 90-Min.-Spaziergang führt auf schattigem Waldweg zur *Rokoko-Wallfahrtskirche St. Maria Schwarzlack* (1767) in aussichtsreicher Lage über dem Inntal.

HOTEL/RESTAURANT

Zum Schloßwirt
Angenehmes Haus, sympathischer Familienbetrieb. Eigene Metzgerei, schöner Biergarten. *15 Zi., Kirchplatz 1, Tel. 08034/23 65, Fax 71 87, Kategorie 3*

AUSKUNFT

Verkehrsamt
83098 Brannenburg, Tel. 08034/45 15, Fax 95 81

OBERAUDORF

(114/B 4) Der Luftkurort im Inntal ist der Tiroler Grenze nahe und öffnet auch schon Perspektiven auf Wilden und Zahmen Kaiser. Das alte Dorf mit hübsch bemalten Häusern schart sich um den Burgberg, wo noch Reste der frühmittelalterlichen Auerburg zu sehen sind.

RESTAURANT

Gasthof Alpenrose
Gutbürgerliche Küche. *Rosenheimer Str. 3, Tel. 08033/32 41, tgl. außer Do 12–14.30 und 18–23 Uhr, Ende Okt.–Anfang Dez. geschl., Kategorie 2*

HOTEL

Der Alpenhof
Schöne Lage, freundlicher Service. *18 Zi., Ortsteil Niederaudorf, Rosenheimer Str. 97, Tel. 08033/10 36, Fax 44 24, Kategorie 2*

SPIEL UND SPORT

Schönes Freibad am Luegsteinsee, Hallenschwimmbad, Tennis

AUSKUNFT

Verkehrsamt
Kufsteiner Str. 6, 83080 Oberaudorf. Tel. 08033/301 20, Fax 301 29

ZIEL IN DER UMGEBUNG

Kiefersfelden **(114/B 4)**
★ Das Dorf an der Grenze ist durch seine bäuerlichen *Ritterspiele* berühmt geworden, die seit 1618 dort über die Bühne gehen und heute Attraktion für Theaterfreunde und verwöhnte Stadtmenschen sind. Gespielt wird in den Sommermonaten. *Auskunft: Verkehrsamt, 83088 Kiefersfelden. Tel. 08033/97 65 27, Fax 97 65 44*

Hier dreht sich alles um den Chiemsee

Eine Kulturlandschaft, die auch Sportliebhabern und Freunden guter Küche einiges zu bieten hat

Der Chiemgau ist leicht definiert: der See in der Mitte und alles ringsum, was sich dazugehörig fühlt. Die Schriftstellerin Isabella Nadolny hat das Gebiet am anschaulichsten eingegrenzt: so weit die Chiemgauer Berge zu sehen sind und noch überall da, wo auf den Votivbildern in den Dorfkirchen für die glückliche Errettung aus den grimmigen Wogen des Sees gedankt wird. Der Chiemsee, nicht willkürlich »das Bayerische Meer« genannt, ist ein Kraftfeld besonderer Art. Das spürt man auch noch an der Tiroler Grenze, in Rosenheim und Burghausen.

ALTÖTTING

(109/D 1–2) Die 12 000-Ew.-Stadt im nordöstlichsten Oberbayern ist nicht gerade eine Schönheit, aber dennoch attraktiv. Der scheinbare Widerspruch erklärt sich durch die Anziehungskraft von Bayerns ältestem und bedeutendstem Wallfahrtsort auf jährlich eine halbe bis eine Million vorwiegend bayerischer Pilger und Pilgerinnen, die sich betend oder singend auf dem *Kapellplatz* und in der *Gnadenkapelle* vor der »Schwarzen Madonna« drängen.

Die Fraueninsel im Chiemsee mit ihrem tausendjährigen Kloster – ein landschaftliches Juwel

BESICHTIGUNGEN

Kapellplatz

Kostbarster Besitz der ★ *Gnadenkapelle* ist das als wundertätig verehrte Gnadenbild der »Schwarzen Madonna«; der Schöpfer der um 1330 geschnitzten und bemalten Statuette ist unbekannt. Rechts daneben am Altar kniet der »Silberprinz« lebensgroß in Silber; dargestellt ist der spätere Kurfürst Maximilian III. als zehnjähriger Kurprinz, ein Auftrag seines Vaters an den niederländischen Meister Wilhelm de Groff zum Dank für die Genesung seines Sohnes (1745). Die Gnadenkapelle selbst konzentriert sich um die achteckige karolingische Taufkapelle aus dem 8. Jh. Ende des 15. Jhs. baute man das spätgotische Langhaus mit dem achteckigen Spitzturm an; 1517 wurde es mit einem Bogenumgang erweitert, der über und über mit Votivtafeln bedeckt ist, ebenso wie das mit schwarzem Stuckmarmor verkleidete Langhaus. Auffallend sind die bescheidenen Dimensionen des nur 26 m langen, 15 m breiten und 26,5 m hohen Gebäudes. Der *Marienbrunnen* auf dem Kapellplatz, 1637 geschaffen, trägt eine Maria Immaculata und ist zum Dank dafür geschaffen worden, daß das Altöttinger Gnadenbild im Dreißigjährigen Krieg vor den anrückenden Schweden gerettet werden konnte. Unter den Kirchen, die den Kapellplatz einrahmen, ist die spätgotische *Stifts- und Wallfahrtskirche St. Philipp und Jakob* (um 1500) am bemerkenswertesten. Sie birgt u. a. die Kapelle zur Erinnerung an Feldmarschall Tilly, den berühmten und gefürchteten Heerführer der katholischen Liga im Dreißigjährigen Krieg. In der einstigen Sakristei die Schatzkammer mit dem kostbaren »Goldenen Rößl« aus dem Jahr 1392.

HOTEL/RESTAURANT

Zwölf Apostel
Mittelklassehaus mit gutem Preis-Leistungs-Verhältnis. *60 Zi.,*

MARCO POLO TIPS FÜR DEN CHIEMGAU

1 Chiemseerundfahrt mit Besuch der Herreninsel und des Schlosses Herrenchiemsee
Versailles im Chiemsee – muß man gesehen haben (Seite 70)

2 Radtour um den Chiemsee
So machen Sie Bekanntschaft mit dem See und seiner Umgebung (Seite 70)

3 Urschalling
Das Kontrasterlebnis für Liebhaber mittelalterlicher Fresken abseits vom Weg (Seite 74)

4 Gnadenkapelle in Altötting
Das verehrte Gnadenbild in Bayerns ältestem und bedeutendstem Wallfahrtsort ist eine Kostbarkeit (Seite 65)

5 Wasserburg am Inn
Die Stadt hat geschichtliche Atmosphäre (Seite 78)

6 Klosterkirche Rott am Inn
Sehenswerte Rokokokirche (Seite 78)

7 Von Ruhpolding auf den Rauschberg
Auf der Höhe ein besonders interessanter und schöner Alpenlehrpfad (Seite 76)

8 Heimathaus Rupertiwinkel in Tittmoning
Das Schützenscheibenmuseum ist ein Unikum (Seite 68)

9 Bedaium in Seebruck
Im Römermuseum erfährt man Interessantes über die römische Poststation an der Alzbrücke (Seite 74)

Bruder-Konrad-Platz 3, Tel. 08671/ 969 60, Fax 843 71, tgl. 11–22 Uhr, Feb. geschl., Kategorie 2

AUSKUNFT

Wallfahrts- und Verkehrsbüro
Kapellplatz 2 a, 84503 Altötting, Tel. 08671/80 68, Fax 63 03

BURGHAUSEN

(109/E 2) Eindrucksvoll wird die Stadt (17 000 Ew.) von Deutschlands längster Burganlage überragt, die den schmalen Altstadtstreifen zwischen Burgberg und Salzach von der ausgedehnten Neustadt mit Wohnvierteln und Industrieanlagen trennt. Also geschützt, konnte Burghausen jahrhundertelang Wohlstand aus Salz- und Schiffahrtszöllen ziehen.

BESICHTIGUNGEN

Altstadt
Der schöne, langgestreckte *Stadtplatz* ist ein würdiger Zeuge süddeutscher Stadtkultur. Ein besonders beeindruckender Blickfang sind das *Rathaus* und das ehemalige kurfürstliche *Regierungsgebäude* mit prächtigem Wappen und einem originellen dreitürmigen Giebelabschluß (Mitte 16. Jh.). An den Wohnbauten sind die charakteristischen Merkmale der Inn-Salzach-Architektur zu entdecken (Grabendächer). Drei Kirchen setzen weitere Akzente: die *Jesuitenkirche St. Joseph* (um 1630) mit dem Jesuitenkolleg, die *Pfarrkirche St. Jakob* (14.–16. Jh.) und die *Schutzengelkirche der Englischen Fräulein* (1731).

Die imposante Burg hoch über Burghausen diente unter anderem als Verbannungsort für lästig gewordene Ehefrauen

Burg
Die 1030 m lange Burganlage, die man am besten vom nördlichen Burgtor her »erobert«, entstand vom 12. bis zum 15. Jh. Sie diente den in Landshut residierenden Herzögen von Niederbayern als zweite Residenz, als Bollwerk gegen Angriffe aus dem Osten, als Schatzkammer und als Verbannungsort für lästig gewordene Ehefrauen. Die Burg war wie eine Miniaturstadt: Die aufeinanderfolgenden Burghöfe mit Wachttürmen und Wehrmauern enthielten Wohnungen, Werkstätten, Ställe, Vorratskammern und Arsenale. Den innersten Burghof umstehen Bergfried, Dürnitzstock, Burgkapelle, Kemenaten- und Fürstenbau. Besichtigenswert sind eine fürstliche Wohnung des späten Mittelalters, die frühgotische Elisabethkapelle, der Rittersaal, Schatzkammer, Gemäldegalerie und das Stadtmuseum. *Auskunft über Öffnungszeiten beim Verkehrsamt*

Den schönsten Blick auf die gesamte Anlage hat man vom österreichischen *Ach* auf dem östlichen Salzachufer.

HOTEL/RESTAURANT

Zur Post
Traditionsreiches Haus, zentral gelegen, Restaurant mit Biergarten. *Stadtplatz 39, Tel. 08677/96 50, Fax 96 56 66, Anfang bis Mitte Jan. geschl., Kategorie 2*

AUSKUNFT

Verkehrsamt
Stadtplatz 112, im Rathaus, 84489 Burghausen, Tel. 08677/24 35, Fax 88 71 55

ZIELE IN DER UMGEBUNG

Raitenhaslach (109/E 3)
In den waldreichen Auen einer Salzachschleife siedelten sich Anno 1146 Mönche des arbeitsamen Zisterzienserordens an. Nach und nach brachten sie ihr Kloster zu solchem Wohlstand, daß sie Ende des 17. Jhs. einen prunkvollen, goldstrotzenden Barockbau errichten konnten. Die 50 Jahre jüngere, beschwingte Rokokodekoration des Innenraumes stammt von dem berühmten Johann Baptist Zimmermann und anderen. Deckenfresken mit Szenen aus dem Leben des Ordensgründers Bernhard von Clairvaux. *Besichtigung: Sa, So 8–18 Uhr, sonst nur nach Voranmeldung (Tel. 08677/21 33).* Der *Kloster-Gasthof* ist ein komfortables Hotel mit braver Küche und schönem Biergarten *(14 Zi., 84489 Raitenhaslach, Tel. 08677/97 30, Kategorie 1, Restaurant tgl. durchgehend, Kategorie 2).*

Tittmoning (119/E 3)
Die bescheidene Kleinstadt überrascht mit reizvollen Attraktionen. An einem der schönsten Plätze Oberbayerns (vorbildlich restauriert) steht ein mächtiges *Rathaus,* dessen Fassade effektvoll mit den vergoldeten Büsten von 12 römischen Kaisern geschmückt ist (1681): Erinnerung an Zeiten, als der Ort zum Heiligen Römischen Reich Deutscher Nation gehörte. Die stattliche *Burg* am Hang, früher Sitz der Salzburger Bischöfe, erinnert daran, daß Tittmoning in einem stets umstrittenen Grenzgebiet lag. Die Burg beherbergt das ★ *Heimathaus Rupertiwinkel,* in dem die größte Schützenschei-

bensammlung Bayerns zu sehen ist *(im Sommerhalbjahr tgl. außer Do 14–16 Uhr, nur mit Führung). Auskunft: Tel. 08683/247, Fax 70 07 30*

Traunstein **(109/D 5–6)**
Im landläufigen Sinn bietet die Stadt keine Sehenswürdigkeiten. Heute ist sie Große Kreisstadt (18 000 Ew.) im Herzen des Chiemgaus, das natürliche Zentrum der Region zwischen Chiemsee und Salzburg sowie idealer Standort für Ausflüge ins Gebirge oder in das seenreiche Umland. Bei Kennern gilt Traunstein als urbayerisch-gemütlich. Der »Georgiritt« am Ostermontag ist eine Hauptattraktion für den ganzen Chiemgau. Erstes Haus am Platze ist der *Traunsteiner Hof*, komfortabel und angenehm *(60 Zi., Bahnhofstr. 11, Tel. 0861/ 690 41, Kategorie 2)*. Der *Brauereigasthof Schnitzlbaumer* ist ein traditionsreiches Lokal mit bayerischer und internationaler Küche *(Stadtplatz 13, Tel. 0861/45 34, Mo–Fr 8–23 Uhr, Kategorie 2 und 3). Auskunft: Verkehrsamt, Im Stadtpark, 83278 Traunstein, Tel. 0861/652 73, Fax 652 98*

Waginger und Tachinger See **(109/D–E 4–5)**
Waging heißt der beliebte Luftkurort am Westufer des nach ihm benannten Sees. Bei seinem vielfältigen Freizeitangebot spielt der Wassersport naturgemäß die größte Rolle. Der Waginger See ist der fünftgrößte See Oberbayerns und auch einer der wärmsten. Denn sein Grund ist moorig, weshalb er schmutziger aussieht, als er in Wahrheit ist. Von dem kleineren Tachinger See trennt ihn nur ein schmaler Brückendamm. Anmutig eingebettet in eine sanfte Hügellandschaft (Landschaftsschutzgebiet) mit ausgedehnten Wäldern und lieblichen Wiesen, sind die beiden Seen mit dem herrlichen Blick auf die Berchtesgadener Alpen ein wahres Urlaubsidyll, das seinen Besuchern alle Arten von Wassersport bietet. Starkoch Alfons Schuhbeck hat seinen Gourmettempel *Kurhausstüberl* zu bundesweitem Ansehen gebracht und ist auch sonst mit allen Wassern gewaschen. Regionalküche vom Allerfeinsten! *(Tel. 08681/40 09 12, Mi–So 18 bis 24 Uhr, So und feiertags auch 12 bis 15 Uhr; Jan./Feb. geschl., Kategorie 1). Auskunft: Fremdenverkehrsverband, Postfach, 83329 Waging am See, Tel. 08681/313, Fax 96 76*

CHIEMSEE

(108/B–C 5–6) Der Chiemsee ist das Herz des östlichen Oberbayern, in geographischer und kultureller Hinsicht unumstrittener Mittelpunkt dieser prächtigen Ferienlandschaft. Das »Bayerische Meer« ist rund 80 qkm groß, 18 km lang, bis zu 14 km breit und bis zu 74 m tief. Sein mildes Klima zog frühzeitig schon Kelten, Römer und Bajuwaren an. Im 8. Jh. gründeten Mönche und Nonnen Klöster auf seinen Inseln – daher die Namen Herren- und Fraueninsel; die dritte im Bunde, die Krautinsel, diente der Versorgung mit Nahrung. Elf Jahrhunderte später wollte König Ludwig II. auf der größeren Insel sein »Klein-Versailles« errichtet haben.

Zwei gleicherweise lohnende Möglichkeiten gibt es, den

Chiemsee als Ganzes kennenzulernen. Seine abwechslungsreichen Uferlandschaften mit Buchten und »Malerwinkeln«, Moorgebieten und Moränenhügeln »erfährt« man am besten auf einer 68 km langen ★ *Radtour* rund um den See (Radverleih in allen größeren Uferorten). Oder man unternimmt eine ★ *Chiemseerundfahrt* mit dem Schiff. Die Schiffe der Chiemseeflotte verkehren ganzjährig; Ende Mai–Ende Sept. gilt der Sommerfahrplan mit häufigeren Fahrten. Die Große Rundfahrt dauert ungefähr 3 Std.; dabei ist ein Besuch der *Herreninsel* und des *Schlosses Herrenchiemsee* eingeschlossen. *Abfahrtszeiten:* 5mal tgl. im Hafen von Prien, Ortsteil Stock; Zusteigen und Fahrtunterbrechungen sind überall möglich. *Auskunft: Chiemseeschiffahrt L. Feßler, 83209 Prien, Tel. 08051/6090*

CHIEMING

(108/C5) Der einzige Erholungs- und Badeort am Ostufer des Chiemsees hat sich seine dörfliche Atmosphäre bewahren können. Der *Denglhamer Hof,* ein schön restauriertes Bauernhaus von 1822, ist heute Veranstaltungszentrum. Chieming hat das größte Freibadegelände am See. Von der Seepromenade herrlicher Blick über den See und die Berge dahinter.

HOTEL/RESTAURANT

Zum Goldenen Pflug
Traditionsreiches, wunderschön gelegenes Landhotel, speziell für Reiter und Pferdefreunde. Eigener Badeplatz am See. *80 Zi., 83339 Ising bei Chieming, Tel. 08667/790, Fax 79432, durchgehend geöffnet, kein Ruhetag, Kategorie 1*

SPIEL UND SPORT

Golf
65 ha große 18-Loch-Anlage in *Chieming-Kötzing. Tel. 08669/7557*

AUSKUNFT

Verkehrsamt
83339 Chieming, Tel. 08664/245, Fax 8998

ZIELE IN DER UMGEBUNG

Aschau (114/C2)
Das idyllisch am Fuß der Kampenwand gelegene Dorf hat Kurpark, Moorschwimmbad und Hallenbad. Die barocke *Pfarrkirche St. Maria* mit ihren beiden von doppelstöckigen Zwiebelhelmen gekrönten Türmen prangt in reichem Stuckdekor. Auf einem baumbestandenen Hügel über dem Dorf thront, weithin sichtbar, das *Schloß Hohenaschau* aus dem 12. Jh., mehrmals erneuert und mit sehenswertem Rittersaal (um 1685); Führungen nach Bedarf während der Sommersaison. Die Kabinenbahn auf den Hausberg *Kampenwand* (1669 m) erschließt ein hübsches Wander- und bescheidenes Skigebiet. Unterkunft: *Landgasthof Karner,* ansehnlich im Landhausstil eingerichtet, mit schönem Garten und guter Küche *(83112 Frasdorf, Tel. 08052/4071, tgl. 12–23 Uhr, Kategorie 1 und 2). Auskunft: Kurverwaltung, Kampenwandstr. 94, Tel. 08052/392, Fax 4717*

Bergen **(115/E 2)**
Das Dorf ist Talstation der Kabinenseilbahn auf den ✱ Hochfelln (1671 m), den – vom Chiemsee aus gesehen – dominierenden Gipfel der Chiemgauer Berge mit herrlichem Blick über den See hinweg bis zum Bayerischen Wald. *Auskunft: Tel. 08662/83 21, Fax 58 55*

Inzell **(115/F 2)**
Der Ferienort in der Talmulde der Roten Traun verdankt seine Karriere dem Eis: Auf Deutschlands erster 400-m-Eisschnelllaufbahn sind zahlreiche Rekorde aufgestellt worden. Im Sommer wird die Bahn zum Rollschuhlaufen genutzt, im Winter leider auch als Speedway für Motorradeisrennen. Mittlerweile hat Inzell sich zum Ganzjahr-Sportkurort »hochgearbeitet«. Lohnende Ausflugsziele: der große *Gletschergarten* 2 km südlich und die an der Straße zum Frillensee stehende spätgotische *Kirche St. Nikolaus* im Ortsteil *Einsiedl.* Unterkunft: *Landgasthof-Binderhäusl,* gemütliches Haus, ruhig gelegen, zuverlässige Küche *(Bichlstr. 43, Tel. 08665/461, Mo geschl., Kategorie 3). Auskunft: Verkehrsverein im Haus des Gastes, 83334 Inzell, Tel. 08665/988 50, Fax 98 85 30*

Marquartstein **(115/D 2)**
Die mittelalterliche Burg auf dem markanten Felskegel sollte die Straße durch das hier recht enge Tal der Tiroler Ache sichern. Der heutige Luftkurort bietet zahlreiche Möglichkeiten für Tal- und Bergwanderer. Der

Der malerische Kurort Aschau am Fuß der Kampenwand

Sessellift auf die *Hochplatte* (1586 m) wird auch von Drachenfliegern und Paraglidern gern benutzt. Im Nachbardorf *Unterwössen* befinden sich die *Deutsche Alpensegelflugschule (Tel. 08641/698787)* und die *Süddeutsche Gleitschirmschule (Tel. 08641/7575). Auskunft: Verkehrsamt, Bahnhofstr. 3, 83250 Marquartstein, Tel. 08641/8236, Fax 61701*

PRIEN

(108/B6) Der historische Marktort gruppiert sich um die ursprünglich spätgotische, 1735 bis 1738 durchgreifend barockisierte *Pfarrkirche Mariä Himmelfahrt.* Der Hafen von Prien, Heimat der Chiemseeschiffahrt, befindet sich im 2 km entfernten Ortsteil Stock, wohin zur Freude aller Eisenbahnfans während der Hochsaison Deutschlands älteste Schmalspurbahn, der »Feurige Elias«, dampft. Nördlich und südlich von Stock verteilen sich Badeplätze, Yacht- und Bootshäfen, Surfschulen und was des Wassersportlers Herz sonst noch begehren mag. Prien bietet alle Kneippkuranlagen.

MUSEUM

Heimatmuseum
Im Bauernhaus von 1837 werden Bauernstuben, Trachtenzimmer, Hinterglasbilder und Objekte der Chiemseefischerei in interessanter Auswahl gezeigt. *Friedhofweg 1, Tel. 08051/69050*

HOTELS/RESTAURANTS

Reinhard
Gutbürgerliches Haus im Ortsteil Stock. Dazu gehört auch die »Altbayerische Stub'n«. *25 Zi., Seestr. 117, Tel. 08051/6940, Fax 694100, nur abends, Do sowie Nov.–Ostern geschl., Kategorie 2*

Yachthotel Chiemsee
Ruhiges, sehr komfortables und schön gelegenes Haus im Ortsteil Harras, gute Küche. *120 Zi., Harrasser Str. 49, Tel. 08051/6960, Fax 5171, tgl. 12–23 Uhr, Kategorie 1*

SPIEL UND SPORT

Golfplatz des Chiemsee-Golfclubs am *Bauerberg* (9 Loch, *Tel. 08051/5948).* Test- und Trainingsstrecke für *Kajakfahrer* auf der Prien. Mehrere Tennisplätze, Reiterhöfe und Segelschule.

AUSKUNFT

Kurverwaltung
Alte Rathausstr. 11, 83209 Prien, Tel. 08051/69050, Fax 690540

ZIELE IN DER UMGEBUNG

Frauenchiemsee **(108/B6)**
In Gstadt legen die Schiffe für die 15 Min. dauernde Überfahrt zur Fraueninsel ab. Auf der schon in vorgeschichtlicher Zeit von Fischern bewohnten Insel gründete der Bayernherzog Tassilo III. um die Mitte des 8. Jhs. ein *Benediktinerinnenkloster.*

Von dem um das Jahr 1000 begonnenen Kirchenbau sind noch die wehrhaften Mauern des freistehenden Glockenturms erhalten; dessen charakteristische Zwiebelhaube stammt aus dem 17. Jh. Im 15. Jh. wurde die Kirche im spätgotischen Stil eingewölbt und umgebaut; ältere Fresken in den Arkadenlaibun-

Bayerns »Versailles«: König Ludwigs II. »Märchenschloß« Herrenchiemsee

gen blieben erhalten. Als Sensation galt die Entdeckung der karolingischen Kapelle in der Torhalle des Klosters; das dabei freigelegte Fresko wird auf die Zeit um die Jahrtausendwende datiert. In der Torhalle ist ein *Agilolfinger-Museum* untergebracht (*Pfingsten–Ende Okt. tgl. 11 bis 18 Uhr*).

Lohnend ist der 20-Min.-Spaziergang um die friedliche Insel, deren Bewohner außer den Klosterfrauen vorwiegend Fischer, Handwerker und Künstler sind.

Inselwirt. Gemütliches, traditionsreiches Wirtshaus mit bodenständiger Kost und Biergarten. *Tgl. außer Mi 11–21 Uhr, Ende Okt.–Anfang April geschl., Kategorie 3*

Auskunft: Verkehrsbüro, 83257 Gstadt, Tel. 08054/442

Herrenchiemsee (108/B 6)

Die große bewaldete Insel gegenüber Prien hat schon im 8. Jh. ein *Benediktinerkloster* beherbergt. Bis zur Säkularisation 1803 galt das mittlerweile in den Besitz der Augustinerchorherren übergegangene Kloster als geistig-geistlicher Mittelpunkt des Chiemgaus. Von den letztlich barocken Bauten ist nur das sogenannte *Alte Schloß* mit der ehemaligen Bibliothek und dem Kaisersaal erhalten geblieben; es wird aber von den täglich an ihm vorbeiströmenden Massen kaum beachtet. Denn jeder will nur das »Märchenschloß« König Ludwigs II. sehen: *Schloß Herrenchiemsee.*

Der König hatte die Insel erworben, um auf ihr nach dem Vorbild von Versailles ein Schloß zu bauen, das seine anderen Residenzen noch übertreffen sollte. Die 1878 begonnenen Arbeiten mußten 1886 wegen Geldmangels eingestellt werden. Der schwermütige König hat nur ganze neun Tage im Schloß verbracht, und bei seinem Tod waren von 70 geplanten Räumen nur 20 vollendet. Doch der bestehende Mittelbau mit den verschwenderisch-luxuriös ausgestatteten Räumen (Prunkschlafzimmer, Spiegelsaal, Beratungssaal) wie auch die weitläufigen Parkanlagen sind Sehenswürdigkeiten von großer Anziehungskraft. Auf einer Rundwanderung (90 Min.) kann sich jeder selbst davon überzeugen, welche geniale Wahl der König mit seinem Bauplatz getroffen hat. *April–Sept. tgl. 9 bis 17 Uhr, Okt.–März 10–16 Uhr, Tel. 08051/688 70*

Die Überfahrt von Prien-Stock zur Insel dauert 15 Min.

Urschalling **(108/A 6)**

★ In dem Dörfchen oberhalb von Prien steht die kleine romanische Kirche *St. Jakob* (um 1200), die mit eindrucksvollen mittelalterlichen Fresken geschmückt ist. (Falls geschlossen, Schlüssel im Haus nebenan.)

Die *Mesner-Stub'n* neben der Kirche ist ein uriges Wirtshaus, fast wie aus dem »Komödienstadl« (*Tel. 08051/39 71, Kategorie 3*).

SEEBRUCK

(108/B-C 5) Das hübsche Dorf am Nordende des Chiemsees ist beliebtes Standquartier für Segler, die hier einen schönen Yachthafen finden, und andere Wassersportler sowie für Ausflüge in den nördlichen Chiemgau.

MUSEUM

Römermuseum Bedaium

★ Keltische und römische Funde aus dem ganzen Chiemgau wurden hier zusammengetragen, z. B. sehr schöne Mosaikfußböden. *Di–Sa 10–12 und 15–17 Uhr, So 15–17 Uhr, Tel. 08667/75 03*

RESTAURANT

Segelhafen

Beliebte Seglereinkehr, Fischspezialitäten, freundlicher Service. *Im Yachthafen 7, Tel. 08667/611, tgl. außer Mo mittags und abends, Anfang Nov.–Anfang Dez. geschl., Kategorie 2*

HOTEL

Zur Post

Mit Erinnerungen an die Familie von Ludwig Thoma. Bürgerlich-konservativ. *Ludwig-Thoma-Str. 8, Tel. 08667/216, Fax 13 43, tgl. 10–22 Uhr, Nov. bis etwa 20. Dez. geschl., Kategorie 2*

ZIELE IN DER UMGEBUNG

Baumburg **(108/C 4)**

Oberhalb des Städtchens Altenmarkt an der Alz haben im 12. Jh. die Augustinerchorherren Kloster Baumburg errichtet. Von der Gründungskirche sind noch die beiden Türme erhalten. Der 1754–1757 zur Rokokokirche umgewandelte Bau stellt sich heute als Gesamtkunstwerk des bayerischen Rokokos dar. Besonders hervorzuheben: das Renaissancechorgestühl mit kostbaren Intarsien (1602), der mächtige Hochaltar mit den überlebensgroßen Figuren der Heiligen Barbara, Katharina, Augustinus und Rupertus sowie der aufwendige Rokokoschmuck der Oratorien und der Seitenaltäre. Baumburg gilt als bedeutendste Rokokokirche im Chiemgau. *Auskunft: Tel. 08621/27 53*

Im Restaurant ❂ *Bräustüberl* herrscht eine echt altbayerische Bräustüberlatmosphäre; einfache Küche *(Tel. 08621/5155, tgl. 10–23 Uhr, Kategorie 3).*

Rabenden **(108/B 4)**
In der kleinen *Dorfkirche* steht ein berühmter spätgotischer Schnitzaltar, einer der schönsten im ganzen Land. Er ist zwischen 1510 und 1530 von einem unbekannt gebliebenen Meister geschaffen worden. Die beherrschenden Figuren in dem über 7 m vom Kirchenboden aufsteigenden Hochaltar sind die Apostel Jakobus, Simon (mit Säge) und Judas Thaddäus. *Auskunft: Pfarramt Baumburg, Tel. 08621/2753*

Seeon **(108/B 4)**
Aus Sicherheitsgründen hatten die Gründer das *Benediktinerkloster* (vermutlich Anno 994) auf die Insel in dem kleinen See gebaut, der mit der Zeit teilweise verlandet ist. Die bezaubernde Lage zieht viele Besucher an.

Erhalten geblieben sind die *Kirche St. Lambert* und ein kleiner Kreuzgang. Im Lauf der Jahrhunderte sind hier die Stilrichtungen harmonisch ineinander übergegangen. Bescheiden überragt wird die Kirche von den beiden gedrungenen Türmen, die ihre geschweiften Kuppeldächer, sogenannte welsche Hauben, erst um 1600 aufgesetzt bekamen. *Auskunft: Tel. 08624/8970*

REIT IM WINKL

(115/D 3) Besonders attraktives Bilderbuchdorf auf einem weiten Wiesengrund nahe der Tiroler Grenze, mit schönem Blick auf Wilden und Zahmen Kaiser. Den zahlreichen noch vorhandenen stattlichen Bauernhöfen haben sich auch die neuen Hotelbauten mit »rustikalen« Formen angepaßt. Die hervorstechenden Attraktionen des Sommerkurorts sind neben den vielen Spazier- und Wanderwegen das geheizte Freischwimmbad sowie mehrere Reiterhöfe und Tennisplätze. Im Winter gilt Reit im Winkl als typisches »Schneeloch«. Es hat Anschluß an ein weiträumiges Loipennetz und verfügt über Rodelbahn, Natureisplatz und ein attraktives Pistenrevier im Höhenskigebiet *Winklmoosalm-Steinplatte.*

HOTEL/RESTAURANT

Steinbacher Hof
Etwas außerhalb, im Ortsteil Blindau, und daher sehr ruhig gelegenes, freundliches und gediegenes Hotel. *65 Zi., Tel. 08640/8070, Fax 807100, Kategorie 2*

AUSKUNFT

Verkehrsamt
Rathausplatz 1, 83242 Reit im Winkl, Tel. 08640/80020, Fax 80029

ZIEL IN DER UMGEBUNG

Naturschutzgebiet Chiemgauer Alpen **(115/E 3)**
9500 ha groß, bietet Landschaftsbilder von herber Schönheit, angefangen von den drei Seen Weitsee, Mittersee und Lödensee bis zum Staub(wasser)-fall. Man kommt auch mit der Pferdekutsche dorthin.

RUHPOLDING

(115/E–F2) Der größte und bekannteste Ferienort der Chiemgauer Alpen hat sich stark auf den anspruchslosen Massentourismus eingestellt. Dabei ist Ruhpolding auf vielfältige Weise attraktiv geblieben. Die landschaftliche Kulisse mit dem 1645 m hohen ★ *Rauschberg* als Höhepunkt (Großkabinenbahn, Alpenlehrpfad) könnte jedem Heimatfilm zur Zierde gereichen.

BESICHTIGUNG

Im Ort sind zahlreiche, wenn auch z. T. zweckentfremdete Bauernhöfe erhalten geblieben, auch ein *Renaissancejagdschloß* der Bayernherzöge (heute Forstamt). Die *Pfarrkirche St. Georg* auf dem Hügel ist eine der interessantesten Dorfkirchen in Oberbayern, 1738–1757 nach Plänen von Johann Baptist Gunetsrhainer erbaut. Ihr kostbarster Besitz: eine wunderschöne mandeläugige Madonna aus dem frühen 13. Jh.

MUSEEN

Bartholomäus-Schmucker-Heimatmuseum

Möbel, Hinterglasbilder, Trachten, Votivbilder, sakrale Gegenstände und einiges mehr, untergebracht im einstigen herzoglichen Jagdschloß. *Schloßstr. 2, Tel. 08663/413 30*

Holzknechtmuseum

Dokumentation von ursprünglicher Arbeitsweise, Daseinsbedingungen und Bräuchen der Holzarbeiter. Lohnt sich! *Tgl. außer Mo 13–17 Uhr, Tel. 08663/639*

CAFÉ

Windbeutelgräfin

Die Windbeutelspezialitäten sind weit über Ruhpoldings Grenzen hinaus berühmt. *Branderstr. 37, Tel. 08663/16 85, tgl. außer Fr und Sa 10–18 Uhr, Anfang Nov.–Mitte Dez. geschl.*

HOTEL

Steinbach-Hotel

Ruhig gelegenes, kultiviertes Haus. *Maiergschwendter Str. 8, Tel. 08663/54 40, Fax 370, Ende Okt. bis Ende Dez. geschl., Kategorie 2*

SPIEL UND SPORT

Abgesehen von seinem *50-km-Wanderwegenetz* bietet der Ort außerordentlich viel: Wellenhallenbad, Reit- und Tennishalle, Schießanlage, Kunsteisbahn, Drachenflugschule, Schießanlage, Radwanderwege, Reiterhöfe, Minigolfplätze, Sportstadion, Bergsteiger- und Kletterkurse, im Winter *50 km Langlaufloipen*, zahlreiche Skilifte, Pferdeschlittenfahrten und einen Biathlonkurs.

AM ABEND

Lohnender als die Diskos sind Heimatabende und Hüttenzauber, bei denen es traditionsgemäß hoch hergeht.

AUSKUNFT

Kurverwaltung

Hauptstr. 60, 83324 Ruhpolding, Tel. 08663/12 68, Fax 96 87

ZIEL IN DER UMGEBUNG

Schleching **(115/D 3)**
Der Luftkurort im Achental nahe der Tiroler Grenze hat seinen dörflichen Charakter bewahrt. Darum ist er so beliebt bei Familien mit Kindern. Hausberg ist der blumenreiche *Geigelstein* (1808 m). Zur *Pfarrkirche* gehört ein Friedhof mit besonders schön verzierten Grabkreuzen. Der *Gasthof Zellerwand* ist ein bodenständiges Wirtshaus mit ebensolcher Küche (*Tel. 08649/217, Ostern–Ende Okt. tgl. außer Di und Mi 11–22 Uhr, Nov.–Ostern nur Fr, Sa, So, Kategorie 3*). *Auskunft: Verkehrsamt, Schulstr. 4, 83259 Schleching, Tel. 08649/220, Fax 13 30*

Auf einem hohen Bergrücken südlich von Schleching steht die bezaubernde *Streichenkapelle,* die von einem Parkplatz (Wegweiser) aus nur zu Fuß erreicht werden kann (20 Min.); den Schlüssel gibt es im *Wirtshaus zum Streichen.* Die Kirche vereint romanische und gotische Stilelemente (13./14. Jh.) und enthält kostbare Wandmalereien (1440/50). Das architektonische Kleinod in Verbindung mit der idyllisch-abgeschiedenen Lage und dem wunderschönen Blick gehört zu den Höhepunkten in der Region.

ROSENHEIM

Stadtplan in der hinteren Umschlagklappe

(114/A-B 1-2) Am Schnittpunkt der großen Nord–Süd- und Ost–West-Verkehrsachsen am Inn gelegen, hat Rosenheim (53 000 Ew.) den Charakter einer weltoffenen Provinzstadt zu bewahren verstanden.

BESICHTIGUNG

Von ihrer schönsten und urbansten Seite zeigt sich die Kreisstadt in ihrem alten Kern um den *Max-Josefs-Platz* (Fußgängerzone) mit den typischen Inntalhäusern (Arkadengänge, Grabendächer mit waagerechter Front zur Straßenseite). Man muß nicht hierherkommen, um alte Baudenkmäler zu besichtigen, obgleich das *Mittertor* aus dem 14. Jh. mit dem Heimatmuseum, die *Heilig-Geist-Kirche* mit der netzgewölbten Wolfgangskapelle (um 1450) und das Architekturensemble am Max-Josefs-Platz durchaus sehenswert sind. Aber Rosenheim ist eine ganz und gar gegenwärtige Stadt, wie auch die weltweit angesehene Fachhochschule für Holztechnik beweist.

MUSEEN

Inn-Museum
Interessante Sammlung und Dokumentation von allem, was mit Natur und Geschichte des Flusses zusammenhängt. *Innstr. 74, im Sommerhalbjahr Fr 9–12, Sa/So 9 bis 16 Uhr, Tel. 08031/315 11*

Ausstellungszentrum Lokschuppen
Immer attraktive Ausstellungen. *Am Rathaus, Öffnungszeiten wechselnd, Tel. 08031/30 01 42*

HOTEL/RESTAURANT

Parkhotel Crombach
Ein gutbürgerliches Haus mit freundlichem Service und traditionellem Restaurant. *60 Zi., Kufsteiner Str. 2, Tel. 08031/35 80, Fax 337 27, Anfang Jan. geschl., Restaurant So Ruhetag, Kategorie 1 und 2*

AUSKUNFT

Verkehrsbüro
Kufsteiner Str. 4, 83022 Rosenheim, Tel. 08031/30 01 10, Fax 30 01 65

ZIELE IN DER UMGEBUNG

Bad Aibling **(114/A 1)**
Das beliebte Moorbad, 15 km westlich von Rosenheim, ist das älteste in Bayern und wahrscheinlich schon zur Römerzeit »in Betrieb« gewesen. Vor allem Rheuma, Ischias und Arthrosen werden hier behandelt. *Auskunft: Städtische Kurverwaltung, Postfach 12 20, 83043 Bad Aibling, Tel. 08061/908 00, Fax 371 56*

Neubeuern **(114/B 2)**
Das Örtchen, 11 km südlich von Rosenheim, bietet seinen Besuchern eine nicht ganz echte, dafür aber um so beliebtere Bilderbuchkulisse mit bemalten Häusern und reichem Blumenschmuck rund um den *Marktplatz.* Von dem mächtigen, zinnengekrönten *Burgturm* über dem Dorf hat man einen schönen Blick auf die Berge im Süden. Die elegante *Rokokokapelle* im Schloßbereich ist aus dem Jahr 1751. Das *Burghotel* ist das »erste Haus am Platze«; ordentliche, gutbürgerliche Küche *(16 Zi., Marktplatz 23, Tel. 08035/24 56, Mitte Feb.–Mitte März geschl., Restaurant Mo Ruhetag, sonst tgl. 12–14.30 und 18–22 Uhr, Kategorie 2).*

Rott am Inn **(107/E 4)**
★ Die *Benediktinerklosterkirche* in Rott am Inn, 14 km nördlich von Rosenheim, gehört zu den kostbarsten Architekturdenkmälern des 18. Jhs. und ist kaum weniger bedeutend als die Wieskirche. Erbaut wurde sie 1759 bis 1767 nach dem Entwurf von Johann Michael Fischer, ausgestattet von den Stukkateuren Franz Xaver Feichtmair und Jakob Rauch, dem Freskenmaler Matthias Günther und dem Bildschnitzer Ignaz Günther, von dem einige seiner schönsten Figuren hier zu sehen sind: das Kaiserpaar Heinrich II. und Kunigunde, die Bauernheiligen Notburga und Isidor sowie ein Putto, der mit dem quastengeschmückten Kardinalshut des hl. Petrus Damiani spielt. Auf dem Friedhof ist Bayerns ehemaliger Ministerpräsident Franz Josef Strauß beigesetzt. *Auskunft und Voranmeldung für Besichtigungen: Tel. 08039/903 60.*

WASSERBURG AM INN

(107/F 3–4) ★ Wo sich der Inn in einer engen Schleife durch einen eiszeitlichen Moränenwall gebohrt hat, liegt die alte Salzhandelsstadt auf ihrer schmalen, halbinselartigen Landzunge sicher wie in Abrahams Schoß. Den besten Blick auf Wasserburg und seine einzigartige Lage hat man von der »Schönen Aussicht« auf dem *Kellerberg* oberhalb der Innbrücke.

Die günstige und geschützte Lage am historischen Handelsweg Salzburg–Augsburg bescherte dem Ort schon frühzeitig Bedeutung und Wohlstand. Die erste Befestigungsmauer stammt von 1220. Ein Jahrhundert später wurden Wasserburg die Stadtrechte verliehen, und in der Barockzeit machten Bayerns Kurfürsten es zu ihrer persönlichen Hafenstadt.

BESICHTIGUNG

Altstadt

Der Rundgang beginnt am besten am *Brucktor* (erbaut 1470) vor der Innbrücke. Durch die *Bruckgasse* zum langgestreckten *Marienplatz* mit Laubengängen, dem spätgotischen, doppelgiebeligen *Rathaus* (1457) und dem *Kernhaus* mit seiner prächtigen, von Johann Baptist Zimmermann gestalteten Rokokofassade (1738). Weitere bemerkenswerte Bauwerke: der gotische Backsteinbau der *Frauenkirche* mit spitz aufragendem Turm, barocker Innenausstattung und einem lieblichen Madonnenbild (neben dem Rathaus), die *Stadtpfarrkirche St. Jakob,* eine schöne gotische Hallenkirche aus der ersten Hälfte des 15. Jhs. am *Kirchhofplatz,* schließlich die einstige *Burg* (1531), ein Renaissanceschloß mit hohem Stufengiebel, Zehntkasten (Vorratslager) und Burgkapelle. Doch nicht nur die genannten Bauten sind sehenswert. Wasserburg bietet ein Stadtbild von eindrucksvoller Geschlossenheit, in dem sich die Atmosphäre vergangener Jahrhunderte erstaunlich gut erhalten hat. Als Besucher sollte man sich die Zeit nehmen, z. B. auch *Fletzingergasse, Herrengasse, Färbergasse, Nagelschmiedgasse* und *Ledererzeile* zu durchstreifen und dort Schönes oder Kurioses zu entdecken.

MUSEUM

Heimatmuseum

Auf vier Stockwerken dieses schönen spätgotischen Bürgerhauses erfährt man viel über die reiche Geschichte der Stadt. *Herrengasse 15, im Sommerhalbjahr Di–Fr 10–12 und 13–16 Uhr, Sa/So und feiertags 11–15 Uhr, Tel. 08071/10 50*

HOTEL/RESTAURANT

Hotel Fletzinger

Ruhiges, angenehmes Haus mit Restaurant in der Altstadt. *40 Zi., Fletzingergasse 1, Tel. 08071/908 90, Fax 908 91 77, Hotel Mitte Dez.–Mitte Jan. geschl., Restaurant tgl. 10–23 Uhr, im Winter Sa Ruhetag, Kategorie 2*

SPIEL UND SPORT

Erlebnisbad Badria

Alkorstr. 11. Tel. 08071/81 33, Mo–Fr 10–21 Uhr, Sa/So und feiertags 8.30–19 Uhr

AUSKUNFT

Verkehrsbüro

Im Rathaus, Marienplatz, 83512 Wasserburg, Tel. 08071/105 22, Fax 406 01

ZIEL IN DER UMGEBUNG

Amerang (108/A 4)

Das Renaissanceschloß hat einen bezaubernden Arkadenhof, in dem an sommerlichen Wochenenden Konzerte stattfinden. Zu sehen sind ferner die gotische *Schloßkapelle* und der *Rittersaal* mit schön restaurierten Fresken *(Auskunft: Tel. 08075/919 20).* Mit der Schloßbesichtigung läßt sich ein Besuch des *Bauernhausmuseums Amerang* verbinden, das auf 4 ha Bauernhöfe aus Ostoberbayern zeigt *(Im Hopfgarten, 83123 Amerang, Mitte März bis Mitte Nov. Di–So 9–18 Uhr, Tel. 08075/91 50 90).*

Der erste Nationalpark der deutschen Alpen

Die Mönche und das Salz brachten den Wohlstand in das ehemals unwegsame Bergland

Der weitgereiste Naturwissenschaftler Alexander von Humboldt (1769–1859) hielt die Gegenden von Neapel, Konstantinopel und Salzburg-Berchtesgaden »für die schönsten der Erde«. Wenn es einmal ein Paradies auf Erden gegeben hat, so die Botschaft dieses Enthusiasten, dann könnte es hier im Berchtesgadener Land gewesen sein. Die Wirklichkeit hatte anders ausgesehen. Einer der ersten Mönche, die im frühen 12. Jh. in das unwegsame Bergland vorgedrungen waren, jammerte brieflich: »... ein schrecklicher Urwald, starrend von ewigem Frost und Schnee, eine Einöde, in der bis vor kurzem noch wilde Tiere und Drachen gehaust haben!« Doch die Mönche damals, Augustinerchorherren aus Rottenbuch, waren furchtlose und tatkräftige Männer. Sie brachten ihr geistliches Stift gegen alle Widrigkeiten zu Ansehen und Wohlstand und erreichten sogar, daß die deutschen Kaiser ihm Reichsunmittelbarkeit und Fürstenrang verliehen. Vom späten Mittelalter bis zur Zeit Napoleons hatte die »Gefürstete Propstei Berchtesgaden« Sitz und Stimme im Reichstag. Grundlage des Wohlstands war das Salz, damals nicht nur als Gewürz, sondern vor allem als Konservierungsmittel eine Kostbarkeit, um deretwillen die mächtigeren Nachbarn – Bayern hier, das Erzbistum Salzburg dort – ihre begehrlichen Blicke auf den prosperierenden Bergwinkel richteten.

Anmutig steht die Wallfahrtskirche St. Bartholomä am Ufer des Königssees vor der bedrohlich aufragenden Watzmann-Ostwand

BERCHTESGADEN

☛ Stadtplan in der hinteren Umschlagklappe

(117/D 4) Der Markt und heilklimatische Kurort (7800 Ew.) breitet sich dekorativ vor der Kulisse des *Watzmannmassivs* (2713 m) aus. Auch die anderen Gipfelgruppen, die Berchtesgaden umrahmen, zeigen eindrucksvolle Konturen: der *Untersberg* im Norden, der *Hohe Göll* im Osten, der *Hochkalter* im Westen und die Spitzen des *Steinernen Meeres* im Süden. In der Hochsaison leidet Berchtesgaden stark unter dem unablässig strömenden Durchgangsverkehr. Das innerste Ortszentrum ist inzwischen Fußgängerzone.

BESICHTIGUNG

Der *Marktplatz* mit *Metzgerstraße* und *Weihnachtsschützenstraße* vermittelt einen anschaulichen Eindruck vom historischen Marktort. Die Lüftlmalereien am ehemaligen *Gasthaus zum Hirschen* (heute Sparkasse) stammen aus der Zeit um 1600 und gehören zu den ältesten Süddeutschlands. Die kostümierten Affen, die hier ihr Wesen treiben, parodieren menschliche Laster. Die *Stiftskirche St. Peter und Johannes* steht auf romanischen Fundamenten (1122 geweiht), ist im 13. Jh. gotisch umgebaut worden und erhielt ihre charakteristischen Spitztürme erst im 19. Jh. Dazu gehört ein schöner romanischer Kreuzgang.

MARCO POLO TIPS FÜR DAS BERCHTESGADENER LAND

1 **Salzbergwerk und Salinenmuseum in Berchtesgaden**
Nicht nur Informationen werden geboten, sondern auch Rutschbahn und andere »action« (Seite 83)

2 **Bauerntheater in Berchtesgaden**
Die Schauspielkunst liegt den Bayern im Blut – hier der Beweis (Seite 83)

3 **Spaziergang nach Maria Gern**
Das Idyll ist perfekt (Seite 84)

4 **Maria Kunterweg in Ramsau**
Die Wallfahrtskirche der Sennerinnen gehört zur Vergangenheit des Berchtesgadener Landes (Seite 85)

5 **Auf dem Königssee nach St. Bartholomä**
Alle machen das – und alle haben recht, daß sie es machen (Seite 84)

6 **Mit der Jennerbahn auf den Jenner**
Von hier oben übersieht man das Nationalparkgebiet am besten (Seite 84)

7 **Münster St. Zeno in Bad Reichenhall**
Bayerns größte romanische Kirche hat ein mit Recht berühmtes Portal (Seite 87)

8 **Alte Saline mit Quellenhaus in Bad Reichenhall**
Historische Anlagen, zum Museum umfunktioniert (Seite 87)

Auch das *Schloß,* die ehem. Fürstpröpstliche Residenz, geht auf eine romanische Anlage zurück. Im Lauf der Jahrhunderte häufig umgebaut, wurde es von den Wittelsbachern im 19. Jh. als Jagdschloß genutzt. Das *Schloßmuseum* enthält bedeutende Plastiken der deutschen Spätgotik und Renaissance, Möbel, Gobelins und eine Ostasiensammlung *(Ostern–Ende Okt. So–Fr Führungen 10–12 und 14–16 Uhr, Tel. 08652/9670).*

MUSEEN

Heimatmuseum

Das Museum im Schloß Adelsheim zeigt eine vielseitige Sammlung von »Berchtesgadener War«, nach dem Salz die wichtigste Einnahmequelle des Ortes: Spanschachteln, Wachsmodel, Krippen, Pfeifen und anderes Handgeschnitztes. Einschlägige Produkte werden im Verkaufsraum angeboten. *Schroffenbergallee 6, Mo–Fr 10–15 Uhr, Tel. 08652/4410*

Salzbergwerk und Salinenmuseum

★ ☺ Für viele, insbesondere Kinder, die größte Attraktion von Berchtesgaden. Der Eingang ist unterhalb des Ortes jenseits der Berchtesgadener Ache. In Bergmannskluft (leihweise) fährt man per Feldbahn in den Stollen ein, überquert mit dem Floß einen dunklen Salzsee, fährt auf einer Rutsche ins tiefere Geschoß hinab und bekommt außer der »action« viele interessante Informationen über den Salzbergbau. *Bergwerkstr. 83, 1. Mai bis 15. Okt. tgl. 8.30–17 Uhr, 16. Okt. bis 30. April werktags 12.30 bis 15.30 Uhr, Tel. 08652/60020*

RESTAURANTS

Bräustübl im Hofbräuhaus

☺ Starkes Lokalkolorit und mäßige Preise. *Brauhausstr. 13, Tel. 08652/1423, tgl. außer Mo 10 bis 21 Uhr, Kategorie 3*

Geiger

Im Hotel gleichen Namens, dem ersten Haus am Platze. Schöne nostalgische Einrichtung, die Küche hat sich sehr verbessert. *Am Stanggaß, Tel. 08652/9653, tgl. 12–15 und 18–23.30 Uhr, Hotel und Restaurant Mitte Nov. bis Mitte Dez. geschl., Kategorie 1*

Hubertusstuben

Im Hotel *Vier Jahreszeiten.* Gutbürgerlich und sehr gemütlich. *Maximilianstr. 20, Tel. 08652/9520, tgl. 11–14 und 18–23 Uhr, Kategorie 2*

HOTEL

Demming

Ruhige, aussichtsreiche Lage, kinderfreundlich, guter Komfort. *32 Zi., Sunklergäßchen 2, Tel. 08652/9610, Fax 64878, Anfang Nov.–vor Weihnachten geschl., Kategorie 2*

SPIEL UND SPORT

Bergtouren und Wintersportzentrum mit Möglichkeiten für Anfänger bis zum Experten. Frei- und Hallenschwimmbäder, 9-Loch-Golfplatz am Obersalzberg *(Tel. 08652/2100).*

AM ABEND

Aufführungen des ★ *Berchtesgadener Bauerntheaters* am *Franziskanerplatz, Tel. 08652/2858*

AUSKUNFT

Kurdirektion
Königsseer Str. 2, 83471 Berchtesgaden, Tel. 08652/96 70, Fax 633 00 (gilt auch für Bischofswiesen, Königssee, Marktschellenberg und Ramsau)

ZIELE IN DER UMGEBUNG

Jenner **(117/D 4)**
★ Als Gondel- und Sesselbahn fährt die Jennerbahn auf den 1874 hohen Skihausberg der Berchtesgadener. Von oben hat man eine großartige Aussicht auf die imposante Bergwelt des Nationalparks, kann sich durch einen Blick in die Tiefe aber auch darüber klarwerden, ob der Königssee wirklich der schönste unter seinesgleichen ist. Er ist es wohl! Vom Jenner führen Wanderwege in den Nationalpark hinein. Insgesamt gibt es 190 km Wanderwege, acht Unterkunftshütten und eine Selbstversorgerhütte im Nationalpark. Geführte Wanderungen werden von der *Nationalparkverwaltung (Tel. 08652/968 60)* veranstaltet.

Zu Schönau-Königssee gehören nicht nur das Seeufer mit seinen Bootsanlegeplätzen und der Jenner mit seinen Bergbahnen, Skigebieten und Wanderwegen. Großes internationales Renommee hat auch die 1114 m lange *Kunsteis-Rodelbahn,* 1968 als erste ihrer Art in der Welt gebaut, auf der schon viele Weltmeisterschaften und Olympiasiege deutscher Rennrodler vorbereitet worden sind.

Kehlsteinhaus **(117/D 4)**
Das vielbesuchte Ausflugsziel ist über den *Obersalzberg* zu erreichen, der von Hitler und seinen Paladinen als ländliches Refugium in den Alpen mißbraucht worden war; zu sehen gibt es aber nichts mehr. Von hier aus Fahrt (nur mit lizenzierten Bussen) auf kühn angelegter Straße zum *Kehlsteinhaus* (1834 m); letzte Etappe ist ein Liftaufzug im Berg. Oben: grandioses Panorama (Gaststätte)!

Königssee **(117/D 4–5)**
★ Der fjordartige See, den viele für den allerschönsten in Bayern halten, ist 8 km lang, bis zu 1,3 km breit und bis 188 m tief. Er darf nur von umweltfreundlichen, geräuscharmen Elektrobooten befahren werden, die am *Malerwinkel,* am *Königsbachfall* und an der *Echowand* (Trompetenecho!) vorbei nach *St. Bartholomä* und weiter nach *Salet* gleiten. Die meisten Passagiere steigen in St. Bartholomä aus, wo die *Wallfahrtskapelle* mit den beiden Zwiebeltürmchen anmutig auf ihrer Landzunge »lagert«. An der von hier aus bedrohlich nahen, mächtigen Watzmann-Ostwand kann man sich kaum satt sehen. Es gibt ein Gasthaus, untergebracht im einstigen Jagdhaus der Fürstpröpste. Lohnend ist die Weiterfahrt zum Südende des Sees, von wo aus man in 15 Min. zum stillen *Obersee* gelangt. *Auskunft: Staatliche Schiffahrt Königssee, Seestr. 55, 83471 Königssee, Tel. 08652/96 36 18*

Maria Gern **(117/D 3–4)**
★ Die *Wallfahrtskirche* in der Gern gilt als schönstes Gotteshaus im Berchtesgadener Land. Der bäuerliche Barockbau von 1709 befindet sich in wunderbarer Harmonie mit seiner länd-

lichen Umgebung und der hochalpinen Kulisse. Die Kirche ist vom Ortszentrum zu Fuß in rund 45 Min. zu erreichen.

Marktschellenberg (117/D 3)
Der Ferienort zu Füßen des sagenumwobenen Untersbergs hat eine gotische *Pfarrkirche* mit einer schönen geschnitzten Apostelgruppe. Hauptattraktion des Ortes ist aber die *Schellenberger Eishöhle,* deren Besuch man sich mit einem etwa 3stündigen Aufstieg »verdienen« muß. Sie ist die größte und sehenswerteste Eishöhle Deutschlands. An vier erstarrten Wasserfällen vorbei gelangt man schließlich in den »Eispalast«. *Juni–Ende Okt., Tel. 08652/96 70*

Am Eingang der *Almbachklamm* steht eine Kugelmühle, in der buntgeäderte Marmorkugeln hergestellt werden, ursprünglich als Nebenverdienst für arme Bergbauern. Verkaufskiosk für hübsche Souvenirs. *Anfang Mai–Ende Okt. tgl. 9–17 Uhr*

Nationalpark Berchtesgaden (116–117/B–D 4–6)
Deutschlands größter Nationalpark (20 800 ha) umfaßt den ganzen südlichen Bereich des Berchtesgadener Landes mit Königssee, Watzmann, Hochkalter sowie den zu Bayern gehörenden Teilen der Reiter Alpe, des Steinernen Meeres, des Hagengebirges und der Göllgruppe. Seine Zielsetzung: Die Landschaft mit ihren natürlichen Lebensgemeinschaften sowie der artenreichen Tier- und Pflanzenwelt soll möglichst ohne menschliche Eingriffe erhalten bleiben. Es gibt zwei komfortable Möglichkeiten, um wenigstens in Teilbereiche des Nationalparks einzudringen: die Elektroboote auf dem Königssee und die Jennerbahn.

Ramsau (116/C 4)
Die spätgotische *Pfarrkirche* mit Kreuzrippengewölbe (1512), der *Bergfriedhof* mit seinen mitteilsamen Grabsteinen und die Wallfahrtskirche der Sennerinnen, ★ *Maria Kunterweg,* mit ihrem berühmten Gnadenbild (1690) sind sehenswerte Zeugen dörflich-frommen Lebens. Durch den urtümlich anmutenden *Zauberwald* westlich des Dorfes gelangt man zum malerischen und vielgemalten *Hintersee* am Fuß der *Reiter Alpe.* Hier das *See-Hotel Gamsbock,* ruhige Lage, ordentliche Küche, Biergarten *(16 Zi., Am See 75, Tel. 08657/988 00, Kategorie 3).* Östlich von Ramsau erreicht man über die pittoreske *Wimbachklamm* die *Wimbachgriesalm.*

Wild, rauh, aber auch lieblich: das Berchtesgadener Land

BAD REICHENHALL

(116/C 2–3) Das traditionsreiche bayerische Staatsbad (17 500 Ew.) liegt im weiten Talbecken der Saalach, die hier aus den engen Bergen heraustritt. In der alten Salinenstadt fließen die stärksten Solequellen Europas, die schon von Kelten und Römern genutzt wurden. Später wurde Reichenhall (»reich an Salz«) häufig zum Zankapfel zwischen den Herzögen von Bayern und den Erzbischöfen von Salzburg. Dank seinem vorteilhaft-milden subalpinen Reizklima hat das Heilbad sich sehr erfolgreich entwickelt und gilt heute als idealer Ort für die Behandlung von rheumatischen und Atemwegserkrankungen, bei Kreislauf- und Durchblutungsstörungen. Bad Reichenhall verfügt über hervorragende Kureinrichtungen: Kur- und Kurmittelhaus, Kurgarten, Trinkhalle, Gradierwerk (Außeninhalatorium), Solehallenbad- und -freibad sowie ein modernes Kurgastzentrum mit Spielbank, Theatersaal und verschiedenen Geschäften.

BESICHTIGUNGEN

Bei einem Spaziergang durch das Stadtzentrum zwischen dem *Florianiplatz* im Süden und dem *Karlspark* im Norden lassen sich viele altehrwürdige Bauten aus der Gründerzeit entdecken, als Bad Reichenhall ein mondänes

Rundum-Entspannung im Solebad von Bad Reichenhall

Kurbad für die privilegierte Gesellschaft war. Inbegriff dieser Ära ist das *Luxushotel Axelmannstein* mit seinem Park.

Münster St. Zeno

★ Bayerns größte romanische Kirche kann es in ihren Dimensionen – 90 m lang, 30 m breit, 16 m hoch – fast mit dem alten Dom im benachbarten Salzburg aufnehmen. Die Basilika wurde im Lauf des 12. Jhs. erbaut und später, nicht zu ihrem Vorteil, gotisch verändert. Doch das reichgegliederte Portal (um 1200) mit den Kirchenpatronen St. Zeno und St. Rupertus sowie der stimmungsvolle Kreuzgang mit einem Relief des Kaisers Barbarossa sind Kunstdenkmäler von höchstem Rang. *Besichtigung nicht jederzeit möglich, Auskunft: Tel. 08651/4889*

MUSEEN

Alte Saline mit Quellenhaus

★ Historische Anlagen, zum Museum umfunktioniert. Man sieht u. a. die riesigen Solepumpen arbeiten und die kunstvollen Quellfassungen der Solequellen (von Erasmus Grasser). Sehr informative Filmvorführung über Salzgewinnung früher und heute. *Salinenstraße, April bis Okt. tgl. 10–11.30 und 14–16 Uhr, Nov.–März Di, Do 14–16 Uhr, Tel. 08651/7002146*

Städtisches Heimatmuseum

Zeugnisse der Siedlungs- und Stadtgeschichte, Trachten, Möbel, Geräte und eine komplette Almhütte aus dem Reichenhaller Raum. *Getreidegasse 4, Mai bis Okt. Di–Fr 14–18 Uhr, Tel. 08651/66821*

RESTAURANT

Hofwirt

Gute bodenständige Küche in einem denkmalgeschützten Renaissancehaus. *Salzburger Str. 21, Tel. 08651/98380, tgl. außer Mo 11–24 Uhr, Mitte Jan.–Mitte Feb. geschl., Kategorie 2*

HOTELS

Kurfürst

Gutes Preis-Leistungs-Verhältnis. *15 Zi., Kurfürstenstr. 11, Tel. 08651/2710, Fax 2411, Mitte Dez. bis Ende Jan. geschl., Kategorie 3*

Kurhotel Luisenbad

Traditionsreiches Haus für Gesunde und Kurbedürftige mit Ansprüchen. *80 Zi., Ludwigstr. 33, Tel. 08651/6040, Fax 62928, Kategorie 1*

AM ABEND

Spielbank

Roulette, Blackjack im Kurgastzentrum. *Wittelsbacherstr. 15, Tel. 08651/95800*

AUSKUNFT

Kur- und Verkehrsverein

Postfach 2206, 83435 Bad Reichenhall, Tel. 08651/95330, Fax 953311

ZIEL IN DER UMGEBUNG

Predigtstuhl (116/C3)

Der Hausberg von Bad Reichenhall ist 1614 m hoch und durch eine Bergbahn erschlossen. Herrliche Aussicht. Ausgangspunkt für Wanderungen, im Winter (schwierige) Skiabfahrt. *Auskunft: Tel. 08651/2127*

Harmonie von Natur und Kultur

Die hier beschriebenen Routen sind in der Übersichtskarte im vorderen Umschlag und im Reiseatlas ab Seite 104 grün markiert

① WO DEUTSCHLANDS HÖCHSTE BERGE STEHEN

Garmisch-Partenkirchen – Walchensee – Kochelsee – Murnau – (Oberammergau – Ettal – Linderhof –) Garmisch-Partenkirchen. Der deutsche Alpenanteil ist bescheiden. Die anderen Alpenländer haben mehr und höhere Gipfel. Auf dieser Rundfahrt werden Sie feststellen, daß auch Bayern Berge hat, die sich sehen lassen können. Tagestour, 95 km ohne Abstecher

Beginnen Sie die Rundfahrt durch den Teil Oberbayerns, in dem Deutschlands höchste Berge stehen, im Olympiaort *Garmisch-Partenkirchen.* Wenn Sie sich von hier aus einen Einblick in das imposante, in der Zugspitze gipfelnde *Wettersteingebirge* verschaffen wollen, haben Sie mehrere Möglichkeiten. Drei seien genannt: 1. Fahrt mit der Seilbahn auf den »Sonnenberg« Wank, wo Sie von der Gipfelstation aus auch einen kleinen Höhenspaziergang machen können; 2. Fahrt mit der gemütlich-altmodischen Kleinkabinenbahn (ab Olympiastadion) hinauf zum Eckbauern, wo Sie noch näher an den Felswänden sind und, wenn Sie Zeit haben, durch die wilde Partnachklamm zur Talstation zurücklaufen können; 3. Abstecher mit dem Auto von der B2 hinterm Ortsausgang von »Ga-Pa« (Wegweiser) zum Gschwandtnerbauern; er kostet am wenigsten Zeit und ist doch kaum weniger lohnend als die beiden anderen Vorschläge.

Die B2 zieht sich parallel zum Wettersteingebirge und zur Bahnlinie aus dem Talkessel von Garmisch-Partenkirchen heraus und führt in östlicher Richtung auf das Soierngebirge und das Karwendelgebirge zu. Letzteres gehört mit dem nördlichen Teil noch zu Bayern, in seinem südlichen, größeren Teil zu Tirol. Beim Bahnhof in Klais zweigt die schöne alte Landstraße nach *Mittenwald* ab, das selbstverständlich auch einen Abstecher wert ist. Ihre »Normalroute« aber, die B2, führt weiter durch die charakteristischen Buckelwiesen, eine Hinterlassenschaft der Eiszeit, nach Krün, wo sie auf die B11 stößt, auf der Sie nun nordwärts durch Wallgau zum *Walchensee* fahren. Parallel zur Straße

Wirtshäuser und Einkehrstätten nicht vergessen worden.

Route 1: Murnau – Murnauer Moos – Seehausen, 26 km **(111/E 2–3).** Ohne größere Steigungen führt der Weg von der Ortsmitte in das Naturschutzgebiet *Murnauer Moos* mit seiner vor allem im Frühjahr eindrucksvollen Flora. Schon kurz vor Mühlhabing kann man Gabriele Münters Bild »Der blaue See« mit dem Original vergleichen. Weiter geht's nach Grafenaschau und dann zurück an den hübschen, überdurchschnittlich warmen Staffelsee bis nach Seehausen-Rieden; Bademöglichkeit. Entlang der Bahnlinie zurück zum Ausgangspunkt.

Route 2: Murnau – Riegsee – Aidlinger Höhe, 19 km **(111/E 2–3).** Im leichten Auf und Ab über Froschhausen und Riegsee, deren beide Kirchen Kandinsky zu exzessiven Farbspielen inspiriert haben. Auf dem weiteren Weg geht es zu schönen Aussichtspunkten mit Blick auf Deutschlands höchste Berge (Wettersteingebirge, Zugspitze), durch Wiesen und Wälder, zu Wirtshäusern und schließlich zur Ortsmitte zurück. Auch am Riegsee kann man bei freundlichen Temperaturen baden.

Der Riegsee mit herrlichem Panorama, dem Wettersteingebirge

Route 3: Murnau – Kochel – Sindelsdorf, 54 km **(111/E-F 2–3).** Die Route ist nur gut trainierten Radlern zu empfehlen und nimmt einen vollen Tag in Anspruch, denn es gibt hier besonders viel zu sehen und zu entdecken. Zunächst geht es südwärts in das hübsche Dorf Ohlstadt am Fuß des Heimgartens, dann weiter zum Bayerischen Landesgestüt Schwaiganger mit seinen prächtigen Pferden. Der Abstecher zum Freilichtmuseum Glentleiten braucht Zeit und will gut überlegt sein. In Kochel laden das Franz-Marc-Museum zum Schauen und die großzügige Freizeitanlage *Trimini* zum Baden ein. In Ried, heute eingemeindet nach Benediktbeuern, und Sindelsdorf, wo Franz Marc mehrere Jahre gelebt hat, sind viele berühmte Gemälde entstanden, zum Beispiel »Gelbe Kühe« und »Blaue Pferde«; deren Nachfahren weiden heute noch auf den Wiesen ringsum. Die letzte Etappe von Sindelsdorf nach Murnau, an der *Höhlmühle* und am Perlach vorbei, sollte man nicht unterschätzen. Wenn die Beine müde sind, kann sie sich arg in die Länge ziehen!

WANDERUNGEN IM FÜNF-SEEN-GEBIET

1. Von Staltach um die Osterseen (111/E-F 1), 11 km, etwa 3 Std.

Die Moor- und Moränenlandschaft im Süden des Starnberger

Sees, vor ungefähr 10 000 Jahren in der Abschmelzphase der Eiszeit entstanden, ist eine eigenwillige, fast schwermütig stimmende Landschaft, die nur wenig dem heiteren Bild entspricht, das die Welt sich von Oberbayern macht. Sie steht unter Naturschutz und ist für Autos nicht zugänglich. Man erreicht den Ausgangsort Staltach entweder über die Autobahn München – Garmisch-Partenkirchen (Ausfahrt Penzberg) oder über Seeshaupt am Starnberger See.

Von Staltach geht es im Uhrzeigersinn nach Iffeldorf, am Sengsee und am Fohnsee entlang zum Ostersee, dem nach der germanischen Göttin Ostara benannten größten See des Gebiets. Etwa nach der Hälfte des Weges kommt man zur *Lauterbacher Mühle,* einem wunderschön gelegenen Sanatorium. Weiter nach Norden bis zur Eisenbahnlinie und auch weiterhin immer auf dem rechten (!) Weg bleiben. Nun am Ufer des Großen Ostersees entlang, an der Marieninsel vorbei, durch schönen Laubwald zum Staltacher See und nach Staltach zurück.

Für diese Wanderung sprechen auch die vielfältigen Variationsmöglichkeiten. So kann man sich auf den südlichen Teil beschränken und hinter Iffeldorf den schönen Weg zwischen Fohnsee und Staltacher See einerseits und dem Großen Ostersee andererseits nehmen. Man kann weiter ausholen und die versteckten Gewässer im Lauterbacher Wald einbeziehen. Schließlich kann man die Unternehmung auch schon in Seeshaupt beginnen beziehungsweise erst dort beenden.

2. Von Herrsching hinauf auf den »Heiligen Berg« nach Andechs (104/C 4), 10 km, etwa 3 Std.

Herrsching ist ein freundlicher, beliebter, nicht gerade aufregender Badeort am Ostufer des Ammersees, mit guter S-Bahn-Verbindung nach München. Vielen Münchnern und Oberbayern ist es aber nur als »Talort« des Heiligen Berges zum Begriff geworden, weil ein jeder im Lande einmal zu Fuß nach Andechs gepilgert sein muß – und sei es nur, weil der Anmarsch so schön durstig und hungrig macht. Doch sollte man sich von der geradezu magischen Anziehungskraft, die das *Klosterbräustüberl* auf die meisten ausübt, nicht davon abhalten lassen, auch die landschaftlichen Schönheiten zu würdigen.

Erster Orientierungspunkt für den Weg nach oben ist in Herrsching die *Pfarrkirche St. Martin.* Hier beginnt der Anstieg zur Leitenhöhe, die sich parallel zum See von Norden nach Süden zieht und von der sich wunderschöne Ausblicke auf die Seen öffnen. Bald wird auch schon der 60 m hohe Achteckturm der Klosterkirche mit seiner Zwiebelhaube sichtbar. Dort kommt man nach rund 1 ½stündiger Wanderung an. Allzu lange sollte man aber im *Klosterbräustüberl* dem dunklen Andechser Doppelbock nicht zusprechen, um den Abstieg durch den herrlichen Laubwald des Kientals noch richtig genießen zu können. Wenn die Abenddämmerung kommt, kann es hier nämlich schnell zappenduster werden… Wer die Andechs-Runde verlängern will, geht vom Kloster weiter durch das Dorf Erling und kommt an der Stelle, wo die Landstraßen nach Herrsching und Dießen sich trennen, zu einem Wanderparkplatz. Dort beginnt ein lohnender Höhenweg nach Süden mit schönen Blicken auf den See. Wer ihn bis nach Pähl und wieder zurück geht, braucht dazu noch ungefähr 3 Std. Man muß also gut zu Fuß sein – aber es lohnt sich!

Empfehlenswerte Wanderkarte: Topographische Karte Ammersee, Starnberger See und Umgebung, 1 : 50 000

LEICHTE GIPFELTOUREN

Die hier empfohlenen Bergwanderungen weisen keine alpinen Schwierigkeitsgrade auf; dennoch müssen sie ernst genommen werden. Das gilt für die richtige Ausrüstung: feste Bergschuhe, Pullover, Regenschutz, eventuell ein Hemd zum Wechseln, Mütze als Sonnenschutz für den Kopf, Proviant, Trinkbares. Aber auch für die Kondition: Ein paar Bergaufstunden sollten keine Probleme machen. Wer trittsicher und schwindelfrei ist, hat außerdem mehr von der Tour. Möglichst früh aufbrechen, besonders an heißen Tagen, auch weil da das Wetter leicht umschlagen kann!

Kartenempfehlung: Am genauesten sind die topographischen Karten des Bayerischen Landesvermessungsamtes, Maßstab 1 : 50 000. Brauchbar sind auch die Kompaß-Wanderkarten, Maßstab 1 : 50 000.

1. Der Hochstaufen bei Bad Reichenhall, 1771 m, Höhenunterschied 1100 m, 6–7 Std. (**116/C 2**)

Der nördlichste Gipfel der Berchtesgadener Alpen zieht die sehnsüchtigen Blicke der auf der Autobahn Vorbeifahrenden auf sich. Mit Recht: Wie eine Felsbastion reicht er ins Voralpenland hinein und bietet eine entsprechend prächtige Aussicht. Ausgangsort für die Besteigung ist die Padinger Alm oberhalb von Nonn. Der Anstieg über den Steinernen Jäger ist unterhaltsam, im oberen Teil streckenweise luftig – und er macht Durst. Aber das *Reichenhaller Haus* knapp unter dem Gipfel ist gut bewirtschaftet. Der Abstieg verläuft zunächst auf dem Grat und senkt sich dann in Serpentinen zu den Wiesen der Bartlmahd. Am Schluß zieht sich die Forststraße.

2. Der Hochgern im Chiemgau, 1748 m, Höhenunterschied 1200 m, 6–7 Std. (**115/E 2**)

Beherrschend erhebt er sich über dem Chiemsee; niemand kann und will ihn übersehen. Ausgangsort ist Marquartstein. Los geht's beim Schloß, zunächst sanft durch den Wald bis zur *Schnappenkirche*, dann steiler zum Gipfel, 3 $^1/_2$ Std. Im Süden kann man bis zu den gefirnten Häuptern der Hohen Tauern sehen, im Norden breitet sich der Chiemgau samt Chiemsee aus. An heißen Tagen wünscht man sich Flügel, zumindest einen Paraglider, um direkt in die kühlen Fluten hinuntersegeln zu können. Abstieg über das *Hochgernhaus* (freundlich bewirtschaftet) auf harmlosen Alm- und Forstwegen.

3. Der Brünnstein über dem Inntal, 1619 m, Höhenunterschied 850 m ab Tatzelwurm, 4–5 Std. (**114/A 4**)

Ein besonders beliebter (und daher kaum je einsamer) Gipfel, weil leicht erreichbar, abwechslungsreich und nicht anstrengend. Frühaufsteher machen ihn gern als Halbtagstour. Aber man kann sich leicht länger an ihm vergnügen, wenn man Sinn für oberbayerisch-liebliche Bilderbuchlandschaften mit Wald und Wiesen, Almen und kleinen Kalkfelsen hat. Start am Parkplatz beim Tatzelwurm zwischen Oberaudorf und Bayrischzell. Vom *Brünnsteinhaus,* an dem man nur mit Mühe ungelabt vorbeikommt, führt ein kleiner, gut gesicherter Klettersteig zum Gipfel – wer nicht schwindelfrei ist, kann ihn umgehen. Von oben wunderschöner Blick auf den Wilden Kaiser und den Alpenhauptkamm. Auf dem Rückweg nehmen stramme Bergwanderer noch einen zweiten Gipfel mit, den Großen Traithen, 1852 m, kommen dann aber beim *Gasthaus Rosengasse* heraus und müssen sehen, wie sie zu ihrem Parkplatz am Tatzelwurm zurückgelangen.

4. Die Rotwand im Spitzinggebiet, 1884 m, Höhenunterschied 800 m, 4–5 Std. (**113/E 4**)

Wahrscheinlich der beliebteste unter den Münchner Hausbergen: leicht zugänglich und harmlos zu jeder Jahreszeit. Trotzdem ist die Rotwand kein überlaufener Rummelplatz, sondern ein charaktervoller Berg geblieben. Ausgangsort ist die *Wurzhütte* am Spitzingsee oberhalb von Schliersee. In 2 Std. Gehens ist man am *Rotwandhaus,* in einer weiteren halben Stunde auf dem Gipfel. Der Rückweg führt durch den Pfanngraben und über die Waitzingeralm. Wer sich's noch bequemer machen will, fährt vom Spitzingsattel mit der Taubensteinbahn und braucht von der Bergstation nur $1\frac{1}{2}$ Std. Bei einer Einkehr im *Rotwandhaus* kann man oberbayerische Hüttengastlichkeit an der Quelle kennenlernen.

5. Die Baumgartenschneid über dem Tegernsee, 1448 m, Höhenunterschied 700 m, etwa 5 Std. (**113/D 3**)

Auch eine von den gemütlichen Bergwanderungen, wie man sie im Tegernseegebiet erwarten darf. Ausgangspunkt ist das weiland herzogliche *Schloß* in Tegernsee, von wo aus man über den *Großen Paraplui* und das *Wirtshaus am Galaun* zunächst zum Riederstein aufsteigt. Den Abstecher zum Kircherl auf dem kühn emporragenden Felsen sollte sich niemand entgehen lassen. Die letzte halbe Stunde zum Gipfel ist reiner Genuß. Der Ausblick von oben umfaßt die Tegernseer und die Schlierseer Berge, die beiden Seen natürlich auch. Für den Abstieg kann man wählen zwischen dem Alpbachtal und – weiter, aber schöner – dem Weg über die (bewirtschaftete) *Gindelalm* zur Neureut, 1264 m. Dort kann man im Gasthaus einkehren. Man kann sich aber auch Hunger und Durst für das legendäre *Herzogliche Bräustüberl* in Tegernsee aufsparen.

6. Der Schafreuter im Vorkarwendel, 2101 m, Höhenunterschied 900 m, 6–7 Std. (**112/B 5–6**)

Eine sehr attraktive Bergwanderung vor der imposanten Kulisse des Karwendelkamms um die Lalidererwände. Ausgangspunkt ist der Parkplatz Leckbach an der Straße Vorderriß – Hinterriß. In $2\frac{1}{2}$ Std. ist man auf der *Tölzer Hütte,* wo die Leute übernachten, die den Sonnenaufgang am Gipfelkreuz erleben wollen oder weitergehende Pläne haben. Ein sicherer Felssteig führt zum Gipfel mit seinem eindrucksvollen ✹ Rundblick. Die meisten steigen auf demselben Weg ab. Wer noch einen Tag dranhängen kann, sollte den langen, aber äußerst lohnenden Höhenweg in Richtung Kompar–Plumsjoch weitergehen, wobei man sich allerdings schon auf österreichischem Terrain bewegt.

7. Die Schöttelkarspitze über dem oberen Isartal, 2049 m, Höhenunterschied 1200 m, 7–8 Std. (**111/F5**)

Wer seine Kinder mit einem interessanten Zweitausendergipfel locken will, tut mit der Schöttelkarspitze im Soierngebirge einen guten Griff. Der Anstieg beginnt in Krün bei der Isarbrücke und führt zügig bergan, zunächst bis zu den Seinsköpfen, wo man schon einen schönen Blick über das Werdenfelser Land bis zur Zugspitze hinüber hat. Dann geht's luftig und lustig weiter; an einigen Stellen braucht man die Hände und den Hosenboden, bevor man auf dem stolzen, kreuzbestückten Gipfel steht. Abstieg nach hinten, nämlich in den stillen Soiernkessel mit den beiden grünen Seen, die schon König Ludwig II. so gut gefallen haben, daß er sich hier eine Jagdhütte bauen ließ, heute Alpenvereinshaus und bewirtschaftet. Weiter abwärts über den Lakaiensteig (angelegt zur Versorgung der königlichen Bleibe) und über die ebenfalls bewirtschaftete *Fischbachalm* nach Krün zurück.

8. Der Kramer über Garmisch-Partenkirchen, 1985 m, Höhenunterschied 1200 m, 7–8 Std. (**111/D5**)

Wem es im Olympiaort zu laut und zu voll wird, der findet in der Umgebung überraschend viele nicht überlaufene Tourenziele. Zum Beispiel den Kramer, der einen so hohen Zoll von Bergsteigerschweiß verlangt, daß die Menge ihn meidet. Da der Aufstieg – ab *Brauhaus Garmisch*, neben dem neuen Friedhof – über sonnige Südhänge führt, heißt es im Sommer früh aufstehen; dafür kann man hier auch spät im Jahr noch unterwegs sein. Hat man den Kramergrat erreicht, geht es auf der Höhe weiter zum Gipfel, wo man das Zugspitzmassiv fast zum Greifen nahe vor sich hat. Das war die Mühe wert! Beim Abstieg holt man auf felsigem Pfad weit nach Westen aus, bis die *Stepbergalm* erreicht ist. Auf dem Stepbergalpensteig zurück nach Garmisch, wo nur ganz Hartgesottene am *Gasthaus Almhütte* vorbeigehen können, ohne einzukehren.

9. Die Klammspitze über Linderhof, 1924 m, Höhenunterschied 1000 m, 5–6 Std. (**110/C4**)

Eine dank ihrer Vielseitigkeit sehr reizvolle Bergwanderung, die bei König Ludwigs II. Märchenschloß *Linderhof* beginnt. (Die Besichtigungszeiten sollte man bei der Planung berücksichtigen.) Auf einem ehemals königlichen Reitweg geht's gemächlich zu den Brunnenkopfhäusern, dann aber ziemlich ernsthaft weiter, und um das felsige Gipfelmassiv zu bezwingen, muß man sogar ein bißchen kraxeln, also die Hände gebrauchen. So fühlt man sich auf dem Gipfel fast wie auf einem Dreitausender. Für den Rückweg empfiehlt sich dieselbe Route, zumal nun Zeit zur Einkehr im *Brunnenkopfhaus* ist, wo Frau Michiko Ettrich die vermutlich einzige japanische Hüttenwirtin in den bayerischen Bergen ist.

Von Auskunft bis Wassersport

Hier finden Sie kurzgefaßt die wichtigsten Adressen und Informationen für Ihre Reise nach Oberbayern

AUSKÜNFTE VOR DER REISE

Fremdenverkehrsverband München-Oberbayern
Bodenseestr. 113, 81243 München, Postfach 60 03 20, 81203 München

Fremdenverkehrsamt der Landeshauptstadt München
Sendlinger Str. 1, 80331 München, Tel. 089/233 03 00

Außerdem hat jeder Ferienort sein eigenes Verkehrsamt, wo man Prospekte und Informationen anfordern kann. Die Anschriften der regionalen Verkehrsämter sind in den entsprechenden Kapiteln angegeben.

AUTOREISEZÜGE

Der *Bahnhof München-Ost* wird von Autoreisezügen aus Berlin, Bremen, Düsseldorf, Hamburg, Hannover, Köln, Münster sowie aus dem Mittelmeerraum angefahren.

BERGWACHT

Ein dem Bayerischen Roten Kreuz angeschlossener alpiner Rettungsdienst mit 133 Melde- und Rettungsstellen in Oberbayern. Die Bergwacht hat schon viele Menschenleben gerettet.

BERGWANDERN/BERGSTEIGEN

Oberbayern ist ein gutes Revier für Bergtouren im leichten wie im schwierigen Gelände. Ein dichtes Netz von markierten Wegen sowie zahlreiche Berghütten und Unterkunftshäuser erleichtern die Orientierung und den Aufenthalt in den Bergen. Dennoch: Die Berge sind keine Spielwiese! Ein Temperatursturz, Nebel, Schnee können auch scheinbar harmlose Unternehmungen gefährlich werden lassen. Daher sind richtige Ausrüstung, gute Vorbereitung und sorgfältige Vorinformation unerläßlich. Wer sich auf eine größere Tour begibt, sollte unbedingt im Hotel bzw. in seiner sonstigen Unterkunft vorher Bescheid geben.

CAMPING

Rund 70 Campingplätze, 28 unter ihnen auch für Wintercamping eingerichtet, verteilen sich so dicht über die Ferienlandschaften Oberbayerns, daß Camper eine große Auswahl haben.

Deutscher Camping Club
Mandlstr. 28, 80802 München, Tel. 089/380 14 20

ADAC – Camping-Referat
Am Westpark 8, 81371 München, Tel. 089/767 60

DEUTSCHER ALPENVEREIN

In Oberbayern ist der DAV stark vertreten. Ihm sind der Bau zahlreicher Schutzhütten (in den oberbayerischen Bergen allein 60) und die Anlage eines dichten Wegenetzes zu verdanken. Die *DAV-Zentrale in München, Von-Kahr-Str. 2–4, 80997 München*, hat zwei telefonische Auskunftsdienste eingerichtet:

Unter *089/29 49 40* werden alpine Auskünfte aller Art, z. B. auch ein Lawinenlagebericht, erteilt; unter *089/29 50 70* wird der aktuelle Alpenwetterbericht durchgegeben.

FAHRRAD AM BAHNHOF

Im Zuge der zunehmenden Begeisterung fürs Radfahren – bayerisch: Radeln – hat die Deutsche Bahn AG »Vermietstationen« u. a. an folgenden Bahnhöfen eingerichtet: Bayrischzell, Dießen, Bad Endorf, Garmisch-Partenkirchen, Holzkirchen, Kochel, Lenggries, München, Murnau, Prien, Bad Reichenhall, Tegernsee. Für allgemeine Radfahrer-Informationen gibt es eine Hotline: *Tel. 0180/319 41 94 (Mo–Fr 8–18, Sa 8–12 Uhr).*

FLUGVERKEHR

Der neue internationale Flughafen Münchens liegt 28 km nordöstlich von München bei Erding und ist durch S-Bahn (Linie 8) wie durch Autobahn an die Landeshauptstadt angeschlossen.

GRENZÜBERGÄNGE

Trotz der Lockerung der Grenzbestimmungen empfiehlt es sich,

Oberbayern ist ein herrliches Gebiet für Bergtouren

bei Grenzübertritten – auch Wanderungen – einen Personalausweis mitzuführen. Man vermeidet damit möglichen Ärger.

JUGENDHERBERGEN

In Benediktbeuern, Berchtesgaden, Bergen, Burghausen, Garmisch-Partenkirchen, Hemhof bei Bad Endorf, Issing bei Landsberg, Josefstal bei Schliersee, Kochel, Lenggries, Mittenwald, München, Oberammergau, Oberaudorf, Prien, Pullach, Scharling bei Tegernsee, Steinebach am Wörthsee, Urfeld am Walchensee

Deutsches Jugendherbergswerk, Landesverband Bayern
Mauerkircherstr. 5, 81679 München, Tel. 089/922 09 80

KONSULATE

Österreichisches Generalkonsulat
Ismaninger Str. 138, 81675 München, Tel. 089/921 09 00

Schweizerisches Generalkonsulat
Brienner Str. 14, 80333 München, Tel. 089/286 62 00

KRANKENHÄUSER

In Bad Aibling, Berchtesgaden, Garmisch-Partenkirchen, Holzkirchen, Miesbach, Murnau, Penzberg, Prien, Bad Reichenhall, Schongau, Seefeld, Starnberg, Bad Tölz, Weilheim, Wolfratshausen

MOUNTAINBIKING

Der Boom dieser Sportart hat schnell zu »Wachstumsschwierigkeiten« geführt. Bevor man in die Berge »bikt«, sollte man sich unbedingt beim örtlichen Verkehrsamt über spezielle Routen, gesperrte Wege und dergleichen informieren. Gedankenloses »Biking« kann erhebliche Umweltschäden verursachen!

NOTRUF

Polizei und Krankenwagen: 110
Feuerwehr: 112
Frauennotruf: 089/76 37 37
Katastrophenschutz: 089/23 80 61
Umwelttelefon: 089/233 66 66
Alpines Notsignal: In einer Minute sechs Zeichen, akustisch oder optisch, in möglichst regelmäßigen Abständen; eine Minute auf Antwort warten, dann wieder sechs Zeichen in der Minute. Die Antwort besteht aus drei in gleichen Abständen pro Minute gegebenen Zeichen.

SCHIFFAHRT

Regelmäßiger Linienverkehr das ganze Jahr hindurch besteht auf dem *Ammersee,* dem *Chiemsee,* dem *Königssee,* dem *Starnberger See* und dem *Tegernsee.* Auf allen diesen Seen sind auch längere Rundfahrten möglich. Nähere Informationen finden Sie in den entsprechenden Kapiteln. Gelegentlich findet Schiffsverkehr im Sommer auch auf dem *Staffelsee* und dem *Kochelsee* statt.

SPIELBANKEN

Staatlich konzessionierte Spielbanken gibt es in *Garmisch-Partenkirchen, Am Kurpark 10, Tel. 08821/959 90, Bad Reichenhall, Wittelsbacherstr. 15, Tel 08651/958 00* und *Bad Wiessee, Bodenschneidstr. 10, Tel. 08022/983 50.*

STURMWARNUNG

Achtung: Die optischen/akustischen Warnsignale sind absolut ernst zu nehmen. Zumindest an den großen Seen (Chiemsee, Ammersee, Starnberger See) sollte man bei Sturmwarnung unverzüglich an Land gehen. Die Nähe der Berge begünstigt plötzliches Aufkommen gefährlicher Fallwinde!

TAXI

Die Telefonnummer des Taxi- bzw. Mietwagenunternehmers erfahren Sie in der Unterkunft oder auf den Verkehrsämtern.

WASSERSPORT

Der Wasserreichtum Oberbayerns ermöglicht eine fast konkurrenzlose Vielfalt der Aktivitäten an, in und auf dem Wasser. Eine Fülle von Seen, Frei-, Strand- und Hallenbädern verteilt sich über das Land. An vielen Seen kann man Ruder-, Paddel- oder Elektroboote mieten. Hochattraktive Segelreviere sind Ammersee, Chiemsee und Starnberger See, auf denen auch internationale Regatten ausgetragen werden. Bevorzugte Treffpunkte der Surfer sind der Walchensee und der Sylvenstein-Stausee.

WETTER IN BAD TÖLZ

Die monatlichen Durchschnittswerte im Überblick

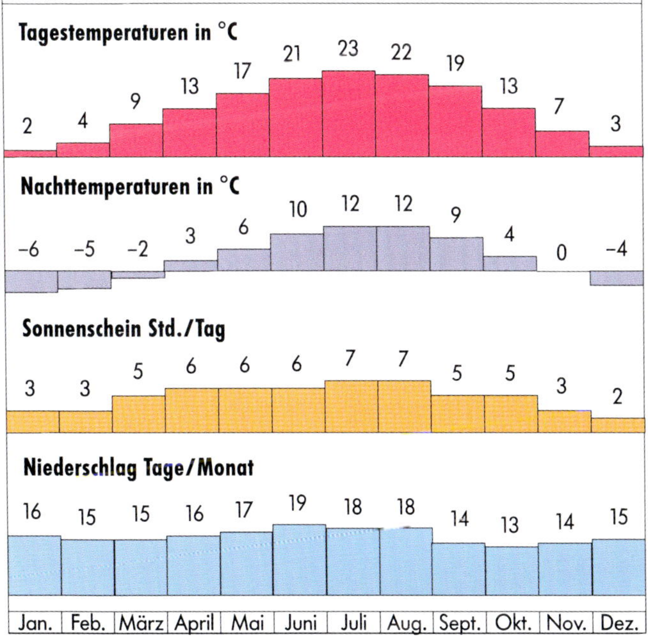

Bloß nicht!

Auch in Oberbayern gibt es Dinge, die man besser meidet

Sich als Oberbayer verkleiden!
Das gilt vor allem für die Männer: Je vollständiger Sie sich »oberbayerisch« ausrüsten, mit »echter« Tracht, Gamsbart, Charivari, König-Ludwig-Hosenträger, um so lächerlicher werden die Einheimischen Sie finden und sich – wenn Sie Glück haben – hinter Ihrem Rücken über den »aufgeputzten Gockl« lustig machen. Gegen eine fesche Bundlederhose oder einen modifizierten Trachtenjanker indessen hat niemand in Oberbayern etwas einzuwenden.

Oberbayerisch sprechen wollen!
Einer, der die altbayerische Sprache nicht mit der Muttermilch eingesogen hat (also nicht nur im Lande, sondern auch von bayerischen Eltern geboren ist), wird sie in späteren Lebensjahren nicht mehr lernen können. Das haben viele »Wahlbayern« einsehen müssen, die schon lange im Lande gelebt haben und immer noch an ihrer Sprache als »Zuag'roaste« erkannt worden sind. Um so mehr wird der Versuch von Urlaubsgästen, recht »g'schert« daherzureden, von den Einheimischen als unpassende Anbiederung empfunden. Dagegen ist es ganz in Ordnung, beispielsweise mit »Grüß Gott!« statt mit »'n Tach!« zu grüßen und »Samstag« statt »Sonnabend« zu sagen. Wenn Sie aber das Sakrileg begehen, ein »Moaßl« Bier zu bestellen anstelle einer »Maß« (mit kurzem a), dann werden Sie voraussichtlich extra lange warten müssen und einen schlecht eingeschenkten Krug bekommen.

Den Gottesdienst stören!
Touristen vergessen oft, daß Kirchen in erster Linie dem Gottesdienst dienen und daß sie, wenn sie sich in einer Kirche wie in einem Museum benehmen, die Andacht der Gläubigen stören. Auch sollte es sich von selbst verstehen (aber was versteht sich heute schon von selbst?), daß man nicht halbnackt, mit Coladose oder Eiswaffel eine Kirche betritt.

Die Natur plündern!
Nicht nur Edelweiß, Frauenschuh und Türkenbund sind streng geschützte Pflanzen. Jegliches Blumenpflücken in größeren Mengen ist Raubbau an der Natur. Alles, was über ein Handsträußchen hinausgeht, sollten Sie sich versagen. Lassen Sie stehen, was da grünt und blüht! Dann haben die anderen auch noch etwas davon.

Reiseatlas Oberbayern

Die Seiteneinteilung für den Reiseatlas finden Sie auf dem hinteren Umschlag dieses Reiseführers

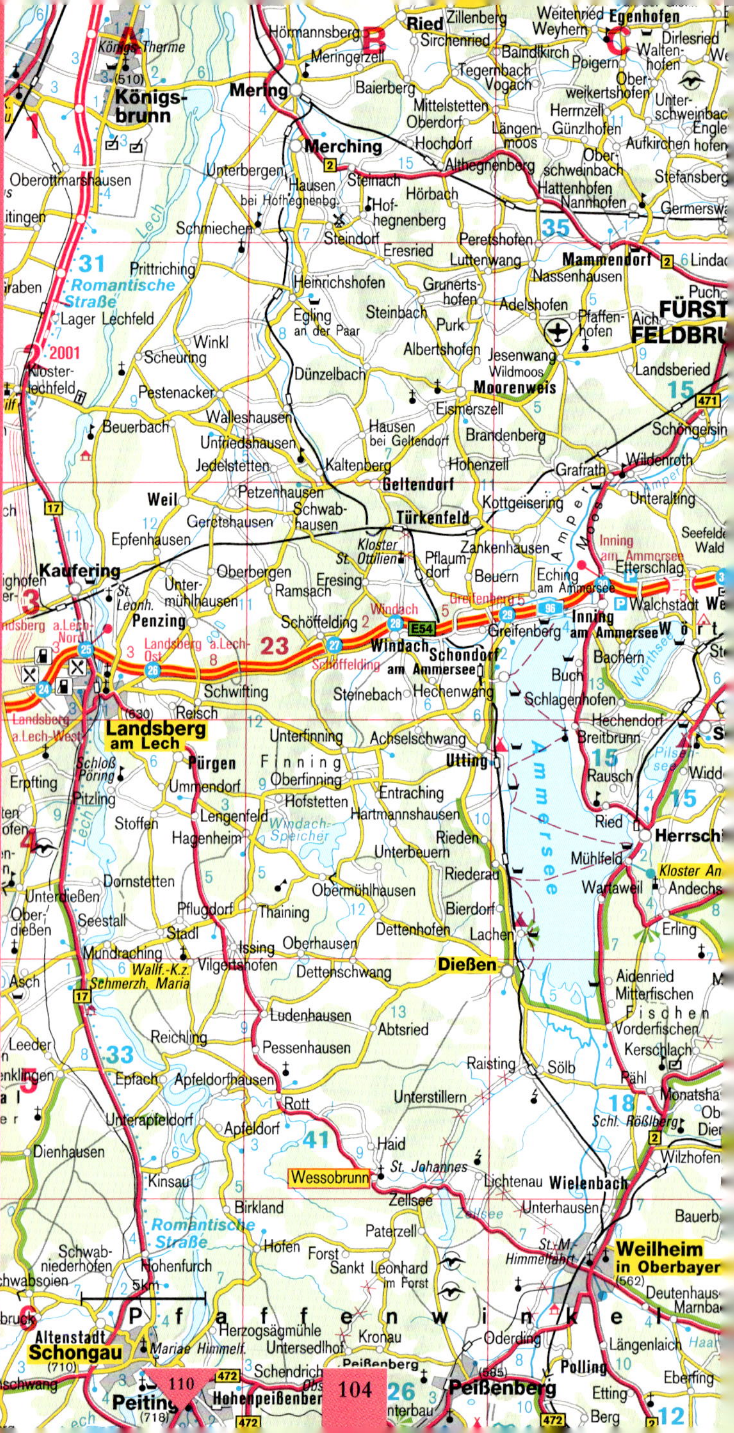

Königs-Therme
Königsbrunn
Mering
Ried
Zillenberg
Weitenried
Egenhofen
Hörmannsberg
Sirchenried
Baindlkirch
Dirlesried
Weyhern
Meringerzell
Poigern
Walten-hofen
Tegernbach
Vogach
Baierberg
Ober-weikertshofen
Mittelstetten
Herrnzell
Unter-schweinbach
Oberdorf
Längenmoos
Günzlhofen
Engle
Hochdorf
Merching
Aufkirchen
Ober-schweinbach
Oberottmarshausen
Unterbergen
Althegnenberg
Stefansberg
Hausen bei Hofhegnenbg.
Steinach
Hörbach
Hattenhofen
Nannhofen
Germerswa
Schmiechen
Hof-hegnenberg
Steindorf
Eresried
Peretshofen
Luttenwang
Mammendorf
Lindach
Nassenhausen
Prittriching
Romantische Straße
Heinrichshofen
Grunertshofen
Adelshofen
Puch
Lager Lechfeld
Egling an der Paar
Steinbach
Purk
Pfaffenhofen
Aich
FÜRSTENFELDBRUCK
2001
Winkl
Scheuring
Albertshofen
Jesenwang
Wildmoos
Landsberied
Kloster-lechfeld
Dünzelbach
Moorenweis
Pestenacker
Eismerszell
Walleshausen
Hausen bei Geltendorf
Brandenberg
Schöngeising
Beuerbach
Unfriedshausen
Jedelstetten
Kaltenberg
Hohenzell
Grafrath
Wildenroth
Petzenhausen
Geltendorf
Weil
Schwabhausen
Kottgeisering
Unteralting
Amper
Amper Moos
Gerctshausen
Türkenfeld
Epfenhausen
Kloster St. Ottilien
Pflaumdorf
Zankenhausen
Inning am Ammersee
Seefelder Wald
Kaufering
Oberbergen
Unter-mühlhausen
Eresing
Ramsach
Beuern
Eching am Ammersee
Etterschlag
St. Leonh.
Greifenberg
Walchstadt
Penzing
Windach
Schöffelding
Inning am Ammersee
Greifenberg
Landsberg a. Lech-Nord
Landsberg a. Lech-Ost
23
Windach
Schondorf am Ammersee
Wörthsee
Bachern
Buch
Schöffelding
Schwifting
Steinebach
Hechenwang
Schlagenhofen
Landsberg a. Lech-West
Reisch
(630)
Hechendorf
Landsberg am Lech
Unterfinning
Achselschwang
Breitbrunn
Schloß Pöring
Pürgen
Finning
Utting
Ammersee
Rausch
Erpfting
Ummendorf
Oberfinning
Pitzling
Hofstetten
Entraching
Lengenfeld
Windach-Speicher
Hartmannshausen
Ried
Stoffen
Hagenheim
Rieden
Herrsching
Unterbeuern
Mühlfeld
Kloster Andechs
Dornstetten
Riederau
Obermühlhausen
Wartaweil
Andechs
Unterdießen
Pflugdorf
Thaining
Bierdorf
Ober-dießen
Seestall
Dettenhofen
Erling
Stadl
Lachen
Mundraching
Issing
Oberhausen
Dießen
Vilgertshofen
Wallf.-K.z. Schmerzh. Maria
Dettenschwang
Aidenried
Asch
Mitterfischen
Fischen
Ludenhausen
Abtsried
Vorderfischen
Leeder
Reichling
Pessenhausen
Kerschlach
Epfach
Apfeldorfhausen
Raisting
Sölb
Pähl
Rott
Monatshausen
Unterstillern
Schl. Rößlberg
Unterapfeldorf
Apfeldorf
Dienhausen
Haid
Wilzhofen
St. Johannes
Wessobrunn
Lichtenau
Wielenbach
Kinsau
Zellsee
Unterhausen
Birkland
Romantische Straße
Bauerb
Paterzell
St.-M.-Himmelfahrt
Schwab-niederhofen
Hofen
Forst
Hohenfurch
Sankt Leonhard im Forst
Weilheim in Oberbayern
(562)
5km
Deutenhausen
Marnbach
Pfaffenwinkel
Herzogsägmühle
Kronau
Oderding
Längenlaich
Altenstadt
Schongau
(710)
Mariae Himmelf.
Untersedlhof
Polling
Eberfing
Schendrich
Peißenberg
(585)
Peißenberg
Etting
Peiting
(718)
Hohenpeißenberg
Berg
110
104

Sulzemoos
Puchschlagen
Prittlbach
Hebertshausen
(505)
DACHAU
KZ-Gedenkstätte
Riedmoos
Unter-
schleißheim
Garching
Nord
Kreuzholzhausen
Lauterbach
Priel
Einsbach
Günding
Schloß
Dachau
Badersfeld
Ober-
schleißheim
Rottbach
Eisolzried
Palsweis
Bergkirchen
Oberschleißheim
Neues
Schloß
Lustheim
Gartenschloß
Garching
Süd
Unterlappach
Feldgeding
Überacker
Dachau/
Fürstenfeldbruck
Flugzeugmus.
M-Neuherberg
Geiselbullach
Karlsfeld
Dreieck
M-Feldmoching
Neu-
herberg
Maisach
Neu-
esting
Eschenried
FELD-
MOCHING
HARTHOF
M-Fröttmaning
Gernlinden
Olching
(503)
Esting
ALLACH
M-Ludwigsfeld
FASANERIE-
NORD
M-Freimann
Gröben-
zell
M-Frankfurter Ring
Roggenstein
Lochhausen
Langwied
St. Martin
MOOSACH
BMW-Museum
Emmering
M-Schwabing
Olympiaturm
Puchheim
M-West
MENZING
NYMPHEN-
BURG
Olympia-
stadion
SCHWABING
OBER-
FÖHRIN
BOGENHA
M. Himmelf.
Eichenau
Pfaffing
NEUAUBING
Schloß
NEUHAUSEN
Alte
Pinakothek
Englischer Garten
Puchheim-Ort
MÜNCHEN
Neuried
Alling
GERMERING
FREIHAM
Gräfelfing
PASING
LAIM
Frauenkirche
Holzkirchen
M-Blumenau
M-Laim
M-Sendling
M-Steinhausen
Rottenried
Unter-
pfaffenhofen
Gräfelfing
Deutsches
Museum
Gilching
(584)
Germering
Martinsried
FÜRSTEN-
RIED
M-Sendl.-Süd
THAL-
KIRCHEN
GIESING
Sankt Gilgen
Argelsried
Geisenbrunn
Krailling
Planegg
M-Giesing
M-Kreuzhof
Tierpark
Hellabrunn
Gilching
Neuried
FORSTENRIED
M-Fürstenried
Frohnloh
Hl. Kreuz
SOLLN
Unterhaching
Pentenried
Oberpfaffenhofen
Würm
Unter-
haching
Gauting
(564)
Unterbrunn
Forstenrieder
Park
Bavaria
Filmtour
Taufkirchen
Buchendorf
Pullach
im Isartal
(582)
Burg
Grünwald
Hochstadt
Oberbrunn
Grünwald
Hausen
Oberhaching
Unering
Leutstetten
Oberdill
Baierbrunn
Laufzorn
Oberhaching
(575)
Hanfeld
Wangen
Dreieck
Starnberg
Deisenhofen
Hadorf
Starnberg
(587)
Percha
Schäftlarn
Straßlach-
Dingharting
Söcking
Perchting
St. Joseph
Percha
Neufahrn
St. Georg
Hallafing
Ödenpullach
Kreuzpullach
Landstetten
Maising
Haarkirchen
Kempfenhausen
Hohen-
schäftlarn
Maisinger
See
Schäftlarn
Oberbiberg
Berg
Klosterkirche
Gerblinghausen
Pöcking
Farchach
Ebenhausen
Jettenhausen
Altkirchen
Aschering
Aufkchn.
Mörlbach
Irschenhausen
Holzhausen
Wieling
Possenhofen
Bachhausen
Icking
Deining
Traubing
Feldafing
Aufhausen
Walchstadt
Hornstein
Eichenhausen
Endlhausen
Allmanns-
hausen
Höhenrain
Aufhofen
Ergertshausen
Attenham
Garatshausen
St.
Colomann
Dorfen
Egling
Puppling
Thanning
Tutzing
Weiperts-
hausen
Neufahrn
Märchenwald
im Isartal
Wolfratshausen
(577)
Moosham
Baiernrain
Ilka-Höhe
728
Schl.
Tutzing
Ammer-
land
Münsing
Wolfratshsn.
Linden
Staudach
Siegertshofen
Goldkofen
Unterzeismering
Holzhausen
Degerndorf
Gelting
Ascholding
Lochen
Föggenbeuern
Ambach
Wallf.-K.
St. Leonhard
Bernried
Berg
Eurasburg
Geretsried
Humbach
Thankirchen
Schönegg
Gallafilz
Unterherrnhausen
Peretshofen
Klosterk.
M. Himm.
Nußberg
Egelsee
Manharts-
hofen
Dietramszell
Starnberger See
Jenhausen
Seeseiten
Sankt Heinrich
Klosterkirche
Oberherrnhausen
Bairawies
Magnetsried
Beuerberg
Osterhofen
Hechenberg
Kirchsee
Seeshaupt
Filzbuch
Seeshaupt
Königsdorf
Klosterkirche
Maria Verkündigung
Schechen
Boschhof
Huppenberg
Abrain
Hohenberg
Faistenberg
Mooseurach
Kirchbichl
Feichten
Eichendorf
Promberg
Schönrain
Thal
Ellbach

105
112

Amper-pettenbach
Günzenhausen
Mintraching
Hallbergmoos
Obererding
Erding
Sighing
Haimhausen
Kreuz Neufahrn
Grüneck
Goldach
Notzinger-moos
Aufkirchen
Deuten-hausen
Inhausen
Neufahrn bei Freising
Erching
Notzing
Kempfing
Eching
Hl. Blut
Ottershausen
Lohhof
Eching
Itzling
Bergham
Unter-schleißheim
Dietersheim
Isar
Zengermoos
Eichenried
Moosinning
Aufhausen
Riedmoos
Garching Nord
Brennermühle
Ober-schleißheim
Nieder-neuching
Wörth
Neues Schloß
Lustheim
Gartenschloß
Garching bei München
Fischerhäuser
Eicherloh
Ober-Wifling
Flugzeugmus.
M-Neuherberg
Garching Süd
Goldachhof
Lüß
Kreuz München-Nord
Ismaning
(490)
Dreieck
M-Feldmoching
Neu-herberg
Speichersee
Neu-finsing
Finsing
Ottenhofen
Poigenberg
HARTHOF
Fröttmaning
M-Freimann
Unterföhring
Aschheim/Ismaning
Pliening
Gelting
Markt Schwaben
M-Frankfurter Ring
ADAC
Kirchheim bei München
BMW-Museum
MÜNCHEN
„No Name City“
Wildpark
Poing
M-Schwabing
Olympiaturm
Olympia-stadion
SCHWABING
(518)
Aschheim
Kirchheim b.M.
Forstinning
Anzing
Schwaben
OBER-FÖHRING
DAGLFING
Dornach
Parsdorf
Heimstetten
Alte Pinakothek
BOGENHAUSEN
Englischer Garten
Feldkirchen
Neufarn
Obelfing
Frauenkirche
Neue Messe
Kreuz München-Ost
Frotzhofen
M-Steinhausen
KIRCH-TRUDERING
Ottendichl
Weißenfeld
Purfing
Ebersberger
M-Sendling
Deutsches Museum
BERG AM LAIM
Gronsdorf
Vaterstetten
M-Ramersdorf
Wolfesing
Forst
M-Sendl.-Süd
RAMERS-DORF
STRASS-TRUDERING
WALD-TRUDERING
Baldham
Ingelsberg
GIESING
M-Giesing
M-Perlach
Haar
Pöring
Tierpark Hellabrunn
PERLACH
Solalinden
Neukeferloh
Eglharting
Oeden-stockach
Grasbrunn
Zorneding
Unterhaching
Neubiberg
(553)
Putzbrunn
Möschenfeld
Kirchseeon
Unter-haching
Ottobrunn
Hohenbrunn
Streu-hölzer
Harthausen
Fürmoosen
Bavaria Filmtour
(567)
Ottosäule
Hohenbrunn
Höhen-kirchener-Forst
Deinhofen
Burg Grünwald
Taufkirchen
Sauer-lach
Ottobrunn
Moosach
Grünwald
Oberhaching
Kreuz München/Brunnthal
Niederpframmern
Pullenhofen
Siegertsbrunn
Niederseeon
Laufzorn
Oberhaching
(575)
Höhenkirchen-
Oberpframmern
Wildenholzen
Deisenhofen
Orthofen
Schlacht
Fuchs-B.
611
Straßlach-
Dingharting
Lanzenhaar
Brunnthal
Egmating
Adling
Ödenpullach
Kreuzpullach
Otterloh
Dürrnhaar
Kastenseeon
Kastenseeoner See
Herrnholz
Glonn
Berganger
Hofolding
Faistenhaar
Weiterskirchen
Oberbiberg
Hofoldinger Forst
Aying
Münster
Gerblinghausen
Sauerlach
Frauenreuth
Altkirchen
Peiß
Graß
Baiern
Grafing
Göggenhofen
Hofoldinger
Eichenhausen
Lochhofen
Kleinhelfendorf
Unterlaus
Endlhausen
Großhelfendorf
Oberlaus
Arget
Forst
Groß-höhenrain
Attenham
Gumpertsham
Grub
Kreuzstraße
Aschbach
Thanning
Kleinhöhenkirchen
Feldkirchen-Westerham
Wettlkam
Hohendilching
Otterfing
Fellach
Sollach
Sonder-dilching
Moosham
Steingau
Föching
Valley
Mittenkirchen
Bruckmühl
Baiernrain
Linden
Holzkirchen
Jasberg
Roggersdorf
Unter-darching
(512)
Goldkofen
Lochen
Oberlaindern
Mitterdarching
Holzolling
Vagen
5km
Holzkirchen
Marschall
Weyarn
Mittenkirchen
Föggenbeuern
Wallf.-K. St. Leonhard
Oberdarching
Klosterkirche St. Peter u. Paul
Weyarn
Großseeham
Humbach
Thankirchen
Schönegg
Thann
Klosterkirche M. Himmelf.
Klein-
Groß-
Sufferloh
Schmidham
Neukchn.
Seehamer See
Manharts-hofen
Dietramszell
Hackensee
hartpenning
Oster-warngau
Reichersdorf
Oberhasling
Bairawies
Warngau
Thalham
Großpienzenau
Hechenberg
Kirchsee
Irschenberg
112
106

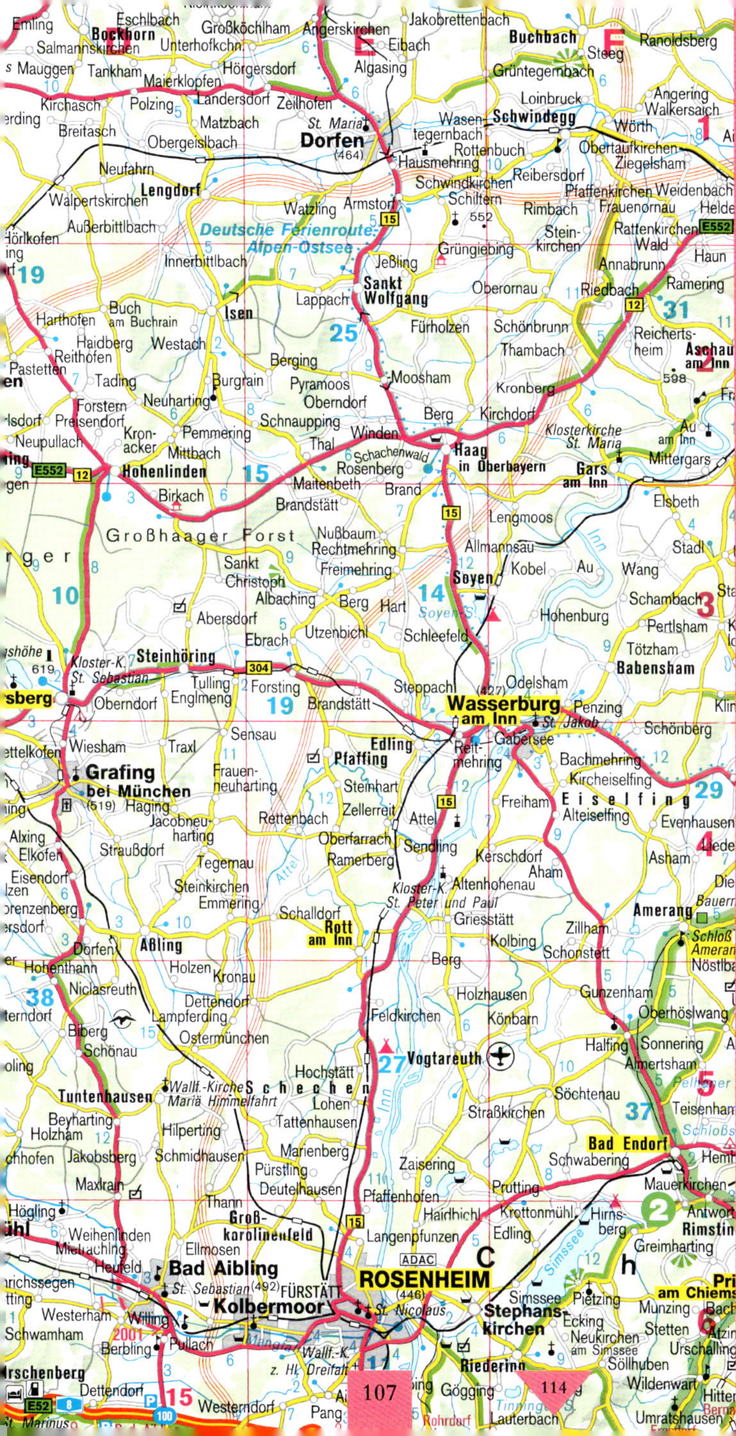
Bockhorn
Eschlbach
Großköchlham
Angerskirchen
Jakobrettenbach
Buchbach
Ranoldsberg
Emling
Salmannskirchen
Unterhofkchn.
Eibach
Steeg
Mauggen
Tankham
Hörgersdorf
Algasing
Grüntegernbach
Maierklopfen
Kirchasch
Polzing
Landersdorf
Zeilhofen
Loinbruck
Angering
Walkersaich
Matzbach
St. Maria
Wasen
Schwindegg
Wörth
Breitasch
Obergeislbach
Dorfen
tegernbach
Rottenbuch
Obertaufkirchen
Ziegelsham
Hausmehring
Neufahrn
Schwindkirchen
Reibersdorf
Lengdorf
Pfaffenkirchen
Weidenbach
Walpertskirchen
Watzling
Armstorf
Schiltern
Rimbach
Frauenornau
Außerbittlbach
552
Stein-kirchen
Rattenkirchen
Hörlkofen
Deutsche Ferienroute Alpen-Ostsee
Grüngiebing
Wald
Haun
Innerbittlbach
Jeßling
Annabrunn
Sankt Wolfgang
Oberornau
Riedbach
Ramering
Lappach
Buch am Buchrain
Isen
Harthofen
25
31
Fürholzen
Schönbrunn
Reicherts-heim
Aschau am Inn
Haidberg
Westach
Thambach
Reithofen
Berging
Pastetten
Moosham
598
Tading
Burgrain
Pyramoos
Kronberg
Oberndorf
Forstern
Neuharting
Berg
Kirchdorf
Preisendorf
Schnaupping
Klosterkirche St. Maria
Kron-acker
Pemmering
Winden
Au am Inn
Neupullach
Thal
Schachenwald
Haag in Oberbayern
Mittergars
Mittbach
Rosenberg
Gars am Inn
Hohenlinden
15
Maitenbeth
Brand
Birkach
Brandstätt
Elsbeth
Lengmoos
Großhaager Forst
Nußbaum
Rechtmehring
Allmannsau
Stadl
Sankt Christoph
Freimehring
Kobel
Au
Wang
10
Inn
Soyen
14
Albaching
Berg
Hart
Schambach
Abersdorf
Soyener S.
Hohenburg
Utzenbichl
Pertlsham
Ebrach
Schleefeld
Tötzham
Steinhöring
Babensham
619
Kloster-K. St. Sebastian
304
Tulling
Forsting
Englmeng
Steppach
Odelsham
(427)
19
Brandstätt
Wasserburg am Inn
Penzing
Oberndorf
St. Jakob
Sensau
Schönberg
Wiesham
Traxl
Gabersee
Edling
Reit-mehring
Pfaffing
Bachmehring
Grafing bei München
Frauen-neuharting
Kircheiselfing
29
Steinhart
(519)
Haging
Zellerreit
Freiham
Eiselfing
Altenselfing
Jacobneu-harting
Rettenbach
Attel
Evenhausen
Alxing
Straußdorf
Oberfarrach
Elkofen
Sendling
Asham
Ramerberg
Kerschdorf
Tegernau
Aham
Eisendorf
Kloster-K. St. Peter und Paul
Altenhohenau
Steinkirchen
Attel
Emmering
Amerang
Griesstätt
Schalldorf
Schloß Amerang
Rott am Inn
Zillham
Aßling
Kolbing
Schonstett
Dorfen
Berg
Hohenthann
Holzen
Kronau
Niclasreuth
Holzhausen
Gunzenham
38
Dettendorf
Oberhöslwang
Feldkirchen
Lampferding
Könbarn
Biberg
Ostermünchen
Halfing
Sonnering
Schönau
Almertsham
Vogtareuth
27
Hochstätt
Tuntenhausen
Wallf.-Kirche Mariä Himmelfahrt
Schechen
Söchtenau
Pelhamer See
Lohen
37
Beyharting
Straßkirchen
Teisenham
Holzham
Hilperting
Tattenhausen
Schloßsee
Jakobsberg
Schmidhausen
Marienberg
Bad Endorf
Schwabering
Pürstling
Maxlrain
Zaisering
Mauerkirchen
Deutelhausen
Prutting
Thann
Pfaffenhofen
Högling
Haidholzen
Krottenmühl
Hirns-berg
Antwort
Groß-karolinenfeld
Rimsting
Weihenlinden
Langenpfunzen
Edling
Mietraching
Ellmosen
Greimharting
Simssee
Heufeld
Bad Aibling
ADAC
St. Sebastian
(492)
FÜRSTÄTT
ROSENHEIM
(446)
Simssee
Pietzing
Kolbermoor
St. Nicolaus
Stephans-kirchen
Munzing
Westerham
Willing
Stetten
Ecking
Neukirchen am Simssee
Urschalling
Schwamham
Berbling
Pullach
Wallf.-K. z. Hl. Dreifalt.
Riederinn
Söllhuben
Irschenberg
Wildenwart
Dettendorf
Gögging
E52
Westerndorf
Pang
Rohrdorf
Lauterbach
Umratshausen
St. Marinus
Prien am Chiemsee

107

114

A
B
C
Buchbach
Steeg
Ranoldsberg
Wotting
Lohkirchen
Oberbergkirchen
Gumattenkirchen
Bach
Oberhofen
Rohrbach
Grüntegernbach
Angering
Walkersaich
Stefans-kirchen
Salmans-kirchen
Weilkirchen
Lochheim
Erharting
Aresing
Loinbruck
Schwindegg
Wörth
Obertaufkirchen
Ziegelsham
Aidenbach
Palmberg
Isen
Mettenheim
Mössling
Hart
Harthausen
Töging
(398)
Reibersdorf
Pfaffenkirchen
Weidenbach
Ampfing
Wimpasing
Rimbach
Frauenornau
Heldenstein
Niederheldenstein
Mühldorf
(383)
Unterneukirchen
Raitenhaslach
Stein-kirchen
Rattenkirchen
E552
Eichheim
Wald
Haun
Lauterbach
Haigerloh
Inn
Teising
Tüßling
Annabrunn
Unterflossing
Mönham
Riedbach
Ramering
Waldkraiburg
(434)
Ebing
Flossing
Polling
Bergham
Heiligkreuz
12
Mauerschwang
Grünbach
31
Thann
Frauendorf
Mörmoosen
Schönbrunn
Reicherts-heim
Aschau am Inn
Kraiburg am Inn
Guttenburg
Münchberg
Thambach
2
Sankt Erasmus
Wimpasing
Walding
598
Forsting
Kronberg
Fraham
Maximilian
Pietenberg
Oberneukirchen
Jettenbach
Mauerberg
299
Klosterkirche St. Maria
Au am Inn
Grafengars
Dörfl
Bennoberg
Gars am Inn
Mittergars
Unterzarnham
29
Garching an der Alz
(457)
Taufkirchen
Elsbeth
Grünthal
Sonham
Schnabling
Wald an der Alz
Unter-bierwang
Höllhund
Eiting
Engelsberg
Stadl
Unterreit
Kobel
Au
Wang
Titlmoos
Maisenberg
Wiesmühl
3
Schambach
Stadlern
Waldhausen
Kainau
Edelham
Hohenburg
Schrankbaum
Pertlsham
Kirch-loibersdorf
Lampertsham
Peterskirchen
Stadler
Oberbrunnham
Tötzham
653 Rumering
Tacherting
Berg
Waltlham
Altenham
Witzmoning
Schalchen
Babensham
Odelsham
Schnaitsee
Harpfing
Emertsham
Maierstetten
Günzelham
Kling
Biburg
Penzing
St. Jakob
Kirchstätt
Tinning
Schönberg
Schmidham
Holzhausen
Oberfeldkirchen
Bachmehring
Kienberg
Kircheiselfing
Kirchensur
Honau
Deisenham
Deinting
Trostberg
(492)
Freiham
Eiselfing
29
304
Unterpirach
Siboling
Pößmoos
Alteiselfing
Evenhausen
Frabertsham
Stockham
St. Wolfgang
4
Großornach
Kirchberg
Aspertsham
Aham
Liedering
Albertaich
Asham
Ilzham
Pfaffing
Lindach
Rabenden
Diepoldsberg
304
St. Jacob
Thalham
Altenmarkt an der Alz
Amerang
Bauernhausmuseum
Obing
Stein an der Traun
Zillham
Aiglsham
Schloß Amerang
Aindorf
Pittenhart
Kloster-seeon
Seeon
Offling
Traunreut
(553)
Schonstett
Nöstlbach
Sankt Georgen
Hinzing
Oberbrunn
Straß
Ischl
Hörpolding
Gunzenham
Unterhöslwang
Deutsche Ferienroute Alpen-Ostsee
Rotham
10
Truchtlaching
Oberhöslwang
19
2
Halfing
Sonnering
Aufham
Meisham
Seebruck
Knesing
Almertsham
Lambach
Ferienroute
Pelhamer S.
Hartsee
Tabing
5
Söchtenau
Eggstätt
Ising
Hart
304
37
Teisenham
37
Weisham
Arlaching
14
Sondermoning
Schloßsee
Gollenshausen am Chiemsee
Stöttham
Bad Endorf
Langbürgner S.
Laimgrub
Nußdorf
Schwabering
Hemhof
Breitbrunn am Chiemsee
Chiemsee
Chieming
Mauerkirchen
Maler-winkel
Krottenmühl
Hirns-berg
2
Antwort
Gstadt am Chiemsee
Wolkersdorf
Rimsting
Urfahrn
Oberhochstätt
Erlstätt
Simssee
Greimharting
Herren-chiemsee
Klosterkirche
Westernach
Frauenchiemsee
h
e
m
Prien am Chiemsee
Marwang
Grabenstätt
g
Simssee
Pietzing
Schloß Herren-chiemsee
Seethal
Baumgarten
Munzing
Bachham
Chiemsee
Einharting
Ecking
Stetten
Atzing
Siggenham
Übersee
Neukirchen am Simssee
Urschalling
E52
E60
108
3
Winkl
Söllhuben
107
8
109
110
Feldwies
23
Tinning
Wilde
114
Weisham
108
Übersee
Grabenstätt
2
Hittenkirchen
Bernau a. Ch.
106
Almau
Umratshausen

Reischach
Endlkirchen
Zeilarn
Schildthurn
Babing
Schellenberg
Kirchberg am Inn
Kirchhaunberg
Berg
Gasteig
Taubenbach
Antersdorf
Gumpersdorf
Simbach am Inn
(345)
Winhöring
Eisenfelden
Perach
Steinbach
Lanhofen
Marktlberg
Julbach
Burg
Alzgern
Marktl
Buch
Machendorf
Braunau am Inn
(351)
Kirchdorf
Stammham
Z. hlg. Pankraz
Neuötting
Mittling
Niedergottsau
Strohham
Ranshofen
Blankenbach
Heilige Kapelle
Altötting
(404)
Alzgern
Schützing
Seibersdorf
Bergham
Öttinger Forst
Sankt Georgen
Emmerting
Piesing
Haiming
Rothenbuch
Kastl
Neuhofen
Königseich
Hohenwart
Überackern
Mehring
Burghausen
(368)
Burg
Schwand im Innkreis
Burgkirchen
(421)
Salzach
Berndorf
Interneukirchen
Brunn
Leimhof
Schönberg
Barsdorf
Weidenthal
Reith
Hirten
Pirach
Ach
Gufflham
Margarethenberg
Höresham
Marienberg
Walf.-K. M.Himmelfahrt
Mitterndorf
Ruderstallgassen
Handenberg
Zeitlarn
Gilgenberg am Weilhart
Wechselberg
Kloster-K.
Hochburg-
Neukirchen
Halsbach
Raitenhaslach
Dorfen
Oberzeitlarn
ÖSTERREICH
Oberer Weilhart Forst
Hollerberg
Sankt Radegund
Stelzenberg
Hofschalling
Asten
Hörndl
Geretsberg
Gundertshausen
St.Vitus
Brunn
Ranharting
Kirchweidach
Ehersdorf
Tarsdorf
Werberg
Dorfibm
Mariae Himmelf
Leitgering
Roidham
Tittmoning
Hofweiden
Fucking
Ibm
Kienertsham
Tyrlaching
Simling
Holzöster
Lanzing
Ernsting
Franking
Vormoos
Oberbuch
Bergham
Kay
Ostermiething
Moosdorf
Haigermoos
Freutsmoos
Kirchheim
Tyrlbrunn
Dorfbeuern
Heilham
Wiesmühl
Abtenham
Trimmelkam
Pietling
Maxdorf
Holzhausen
Ranham
Oberroidham
Hof
Sankt Pantaleon
Mitterroidham
Weilham
Törring
Pirach
Fridolfing
Schwerting
Roding
Moorbad Lamprechtshausen
Inzing
Sankt Georgen bei Salzburg
Oberhafing
Klebham
Riedlkam
Tengling
Berg
St.Coloman
St.Johann
Untergeisenfelden
Bürmoos
Eitelsberg
Polsing
Brünning
Tachinger See
Untereching
Obereching
Niederarnsdorf
Mauerham
Rothanschöring
Oberwalchen
Taching am See
Tettenhausen
Kirchanschöring
Göming
Pierling
Wolkersdorf
Bichlhaiden
Kemating
Kirchsätt
Tettelham
Lampoding
Laufen
(394)
Oberndorf bei Salzburg
Otting
Waging am See
Waginger See
Stille-Nacht-kp.
Gastein
Traunwalchen
Kühnhausen
Gaden
Weitwörth
Freimann
Hirschalm
Leobendorf
Hauns-B.
836
Kammer
Sankt Leonhard am Wonneberg
Petting
Abtsdorfer See
Heining
Pabing
Kirchhalling
Kirchhof
Rettenbach
Kirchberg
Dorfen
Triebenbach
Aiging
Wonneberg
Abtsdorf
Weibhausen
Aich
Ringham
Leustetten
Traunstein
(600)
Schönram
Steinbrünning
Surheim
Lauter
Wimmern
Saaldorf
Lacken
Holzhausen
Rückstetten
Weildorf
5km
Surberg
Mehring
Seiboldsdorf
Oberteisendorf
Patting
Freilassing
(420)
Knappenfeld
Neukirchen am Teisenberg
Teisendorf
(503)
Straß
Hochberg
Traunstein/Siegsdorf
Achthal
Niederstraß
Perach
Schloß Kleßheim
S. Kleßheim
Steinhögl
(451)
Neukirchen
Vögling
Thundorf
Ainring
Mitterfelden
Siegsdorf
(614)
Teisenberg
Höglwörth
Feldkirchen
Siezenheim
Deutsche Ferienroute
Gr. Kachelstein 1333
Anger
Hammerau
Hammer
Wals
Wallf.-K.
109
116

A
B
C
Romantische Straße
Schwab-niederhofen
Hohenfurch
Hofen
Forst
Dietlried
Schwabsoien
Sachsenried
Hörmanshofen
Bidingen
Schwabbruck
Pfaffen
Herzogsägmühle
Untersedlhof
Altenstadt
Schongau
(710)
Mariae Himmelf.
Schendrich
Ebenhofen
Bernbach
Ingenried
Altdorf
Geislatsried
Erbenschwang
Peiting
(718)
Hohenpeißenberg
Kreen
Hausen
Korbsee
Ob
Krottenhill
Martin
Bertoldshofen
Tannenberg
Lech
Kurzenried
Riedhof
Rettenbach am Auerberg
Burggen
Kreut
Ammer
Marktoberdorf
(758)
Oberlöchlers
Langenried
Leithen
Böbing
Haslacher See
Remnatsried
Butzau
Pischlach
Rieder
Mariae Geburt
Stötten am Auerberg
Auerberg
1055
Bernbeuren
Rottenbuch
Balteratsried
Wallf.-K. Mariae Heims.
Ilgen
Schönberg
Sulzschneid
Mark
Eschach
Staltannen
Echelsbach
Heggen
Steinbach
Steingaden
Urspring
Wildsteig
Lengenwang
Lechbruck
Litzau
Morgenbach
Bad
Freßlesreute
Wies
Wieskirche
Kreut
Buchach
Kirchthal
Prem
Kreuzberg
Saulgrub
Schmutterer see
Peustelsau
Lobach
Premer Lechsee
Oberreithen
Unterreithen
Roßhaupten
Altenau
Ried
Unternogg
Zwieselberg
Dietringen
Kniebis
Trauchgau
Hohe Bleick
1638
Deutsche Alpenstraße
Greith
Halblech
Rieden am Forggensee
Schere
Unterammergau
Oberdill
Hopferau
Hopfen am See
Buching
Forggensee
1141
Buchenberg
Ehrwang
Hopfensee
Brunnen
Bannwaldsee
Eschach
Brunnenkopf-Hs.
Waltenhofen
Füssen
Schönleiten
Schrofen
Moos
Schl. Linderhof
Graswang
St. Koloman
Horn
Schwangau
1703
Tegelberghaus
Linderhof
Hohes Schloß
Branderschrofen
1881
Hochplatte
2082
Hohenschwangau
Neuschwanstein
Vils
Alpsee
Unterpinswang
Säulingt
Pinswang
2047
Musau
Oberpinswang
Kreuz-Sp.
2185
Ammergauer
2060
Gr. Schlicke
Pflach
St.-Ulrichs-Kp.
Berge
2240
Breitenwang
Pfarrkirche
Gr. Stuibenfall
Plansee
GARMISCH-PARTENKIRCHEN
Köllensp.
Lechaschau
14%
Kl. Stuibenfall
ADAC
Nesselwängle
Wängle
Reutte
Untergrainau
Kreckelmoos
Kaiserbr.
Griesen
Grainau
1940
Höfen
Tauern
1864
Plansee
Eibsee
Ehenbichl
Klause
Gaicht
1093
Heiterwang
Heiterwanger See
Loisach
Rieden
ÖSTERREICH
Daniel
2342
Obermoos
Zugspitze
2962
Thaneller
2343
Zum hl. Joseph
Wengle
Lähn
Berwang
(1338)
Bichlbach
12%
Lermoos
Ehrwald
(996)
Rinnen
2228
5km
Brand
Roter Stein
2364
Gartnerwand
Biberwier
Knittelkar-Sp.
2378
Kelmen
Mitteregg
2369
Mittersee
Blind-S.
Coburger H.
Weißensee
Drachen-S.
Grünstein
2660
2743
Hochplatt
2758
Loreako
2471
Namlos
17%
20%
2374
Seeben-A.
Igel-S.

105
111
D
E
F
34
Weilheim in Oberbayern
(562)
St.-M.-Himmelfahrt
Nußberg
Jenhausen
Sankt Heinrich
Klosterkirche
Paterzell
Leonhard im Forst
Deutenhausen
Marnbach
Magnetsried
Seeshaupt
Filzbuch
Kronau
Oderding
Längenlaich
Haarsee
Schechen
Peißenberg
(585)
Polling
Eberfing
Arnried
Hohenberg
Faistenberg
Unterbau
Etting
Eichendorf
Promberg
Berg
Neuried
Osterseen
Staltach
Penzberg/Iffeldorf
Oberhausen
Pferderennbahn
Huglfing
Schillersberg
Iffeldorf
Ammerhöfe
Eyach
Achberg
Linden
Steinbach
Egenried
Antdorf
Penzberg
(596)
Deimenried
Tauting
Untersöchering
Obersöchering
Frauenrain
Beuerberg
Breunetsried
Habach
Dürnhausen
Loisach
Hechenrain
Eglfing
Spatzenhausen
Sindelsdorf
Bichl
Walters-berg
Hofheim
Aidling
St. Benedikt
Schöffau
Uffing am Staffelsee
Rieden
Egling
Riegsee
Staffelsee
Bayersoien
Seehausen am Staffelsee
Neuegling
Froschhausen
Murnau/Kochel
Zell
Kleinweil
Großweil
Unterau
Weindorf
Perlach
Ort
Pessenbach
Hagen
Murnau-Westried
Bad Kohlgrub
Kraggenau
Wurmansau
Grafenaschau
Murnau am Staffelsee
(688)
Hechendorf
Freilichtmuseum Glentleiten
Schwaiganger
Schlehdorf „trimini“
Kochel am See
Raut
Murnauer Moos
Fieberkirchel
Ohlstadt
Kochelsee
Kessel-B. 858
Joch-B. 1567
1548
Hint. Hörnle
Schwaigen
Heimgarten
1790
1731
Urfeld
Herzogstand
Sachenbach
Fisch-B.
Jachenau
Ober-ammergau
Passionstheater
Eschenlohe
Hirsch-B. 1659
Wengwies
Walchensee
1169
Ettaler Manndl
1634
Einsiedl
Altlach
Ettal
Klosterkirche St. Mariae
Oberau
Hohe Kisten
1922
Obernach
Rißbach
1889
Notkarspitze
2086
Krotten-K.
Mark-K. 1253
Sachen-S.
Deutsche Alpenstraße
Farchant
Burgrain
1999
Finz-H.
Wallgau
Pflegersee
Wank
1780
Estergebirge
12%
Krün
Schöttelkar-Spitze
2049
St. Martin
St. Anton
Barmsee
Isar-Stausee
Soiernsee
Soiern-Sp.
2257
Garmisch-Partenkirchen
(707)
Eis-Stad.
Gerold
Klais
Wamberg
Olympia-Schanze
Olympia-Skistadion
Schl. Elmau
Elmau
Reinthaler Hof
Werdenfelser Land
Hoher Kranz-B.
1391
Östl. Karwendel
Höllentalklamm
Isar
ADAC
Mittenwald
Ferchensee
Lautersee
2628
Alpspitze
Alpengarten
2384
Westliche Karwendelspitze
Reintal
1865
Unterkirchen
Karwendeltal
Blaue Gumpe
2633
Leutaschtal
Lochlehen
Gr. Seekar-Sp.
2679
2567
Dreitor-Sp.
Arnspitze
Porta Claudia
948
2196
Hochwanner
2746
Wetterstein-Gebirge
Leutasch
Scharnitz
Hinterautal
Gasse
Unterweidach
Oberweidach
Kirchplatzl
Hoher Gleirsch
2491
Leutascher Ache
Platzl
Obern
E533
472
11
23
95

105

St. Colomann
Höhenrain
Dorfen
Egling
Ergertshausen
Attenham
Gumpertsham
A
B
C
Weipertshausen
Münsing
Märchenwald im Isartal
Wolfratshausen
(577)
Puppling
Neufahrn
Thanning
Wettlkam
Otterfing
Ammerland
Staudach
Moosham
Baiernrain
Steingau
Föching
Holzkirchen
Siegertshofen
Linden
Jasberg
Goldkofen
Roggersdorf
Holzhausen
Degerndorf
Gelting
Ascholding
Lochen
E533
95
Föggenbeuern
47
Wallf.-K. St. Leonhard
Marschall
Ambach
Berg
Eurasburg
Geretsried
Humbach
Thankirchen
Schönegg
Thann
11
Klosterkirche M. Himmelf.
Klein-
Groß-
Unterherrnhausen
Peretshofen
Manhartshofen
Dietramszell
Hackensee
hartpenning
34
Egelsee
26
Bairawies
Klosterkirche
Oberherrnhausen
Isar
Sankt Heinrich
Beuerberg
Osterhofen
Hechenberg
Kirchsee
Filzbuch
Seeshaupt
Königsdorf
Klosterkirche Maria Verkünd.
Piesenkam
Schechen
Boschhof
Huppenberg
Abrain
Sachsenkam
31
Faistenberg
Mooseurach
Kreut
Kirchbichl
Feichten
16
Schaftlach
Promberg
13
Schönrain
Thal
Ellbach
Staltach
Nantesbuch
Unterbuchen
(657)
Bad Tölz
Waakirchen
Penzberg/Iffeldorf
Oberbuchen
472
Reichersbeuern
Ramsau
Stallauer Weiher
„Alpamare"
M. Himmelf.
Greiling
11
Breunetsried
Penzberg
(596)
Bad Heilbrunn
Gaißach
Marienstein
Kaltenbrunn
Blomberg
1248
13
Unter-steinbach
Wackersberg
Mühle
Dürnhausen
Loisach
XII/99
Isar-
Lucken-K
Ober-steinbach
Zwiesel-B.
1348
Bad Wiessee
1370
Sindelsdorf
Bichl
Arzbach
Hofstätt
Kellern
St. Benedikt
Benediktbeuern
Untermberg
winkel
Schlegldorf
Ried
31
Lenggries
Isarwelle
Zell
Kleinweil
Baunköpfl-A.
Deutsche Alpenstraße
Großweil
Ort
Pessenbach
Anger
Hohenburg
Unterau
Mühlbach
1
Hirsch-B.
1668
Kochel am See
Wegscheid
Schlehdorf „trimini"
Benediktenwand
Brauneck-Hs.
Almbach
1801
Fleck
Ortereralm
15
Klaffenbach
4
Kessel-B.
858
Joch-B.
1567
Tannern
Jachenau
Roßstein
1698
Hohenwiesen
Glashütte
307
13
Urfeld
Herzogstand
Sachenbach
Fisch-B.
1169
Jachenau
Höfen
1420
Achenpaß
941
Gerstenrieder
Walchensee
Einsiedl
Achenbach
Altlach
Sylvenstein-Stausee
Rißer Hoch-K.
1337
Isar
Fall
307
Vorderriß
5
181
Mark-K.
1253
Deutsche Alpenstraße
Juifen
1988
Achental
Kotzen
1765
Gr. Zemm-A.
Achenkirch
Achensee
Schafreuter
2100
Schöttelkar-Spitze
2049
Soiernsee
Brandelalm
Schrecken-Sp.
2022
Schrahnbach-A.
Soiern-Sp.
2257
Fleischbank
2026
Ö
S
T
E
Hinterriß
Grasberg-A.
Mondschein-Sp.
2106
Seeberg-Sp.
2085
6
Torkopf
2014
5km
XI-V
Gern-A.
Achensee
Östl. Karwendel-Sp.
2538
23%
Kl. Ahorn
Falk
2428
2287
Bettlerkar-Sp.
Pertisau
148

107
113
Feldkirchen-Westerham
Bruckmühl
Bad Aibling
Kolbermoor
Großkarolinenfeld
Valley
Weyarn
Warngau
Irschenberg
Miesbach
Hausham
Gmund am Tegernsee
Tegernsee
Schloß Tegernsee
Rottach-Egern
Schliersee
Fischbachau
Bad Feilnbach
Brannenburg
Bayrischzell
Wendelstein
Rotwand
Spitzingsee
Kreuth
Wildbad-Kreuth
Deutsche Alpenstraße
Ursprung-Paß
Bäckeralpe
Trainsjoch
Ascherdörfl
Hinterthiersee
Thiersee
Veitsberg
Kaiserklamm
Mariastein
Angath
Wörgl
Kundl
Sankt Leonhard
Kramsach
Rofan-Sp.
Steinberg am Rofan
Achenseestraße
Brandenberg
Ramsau
Breitenbach am Inn
Langkampfen
Niederbreitenbach
Ackern-A.
XI-IV
Dreieck Inntal
E45
E52
E60
T I R O L

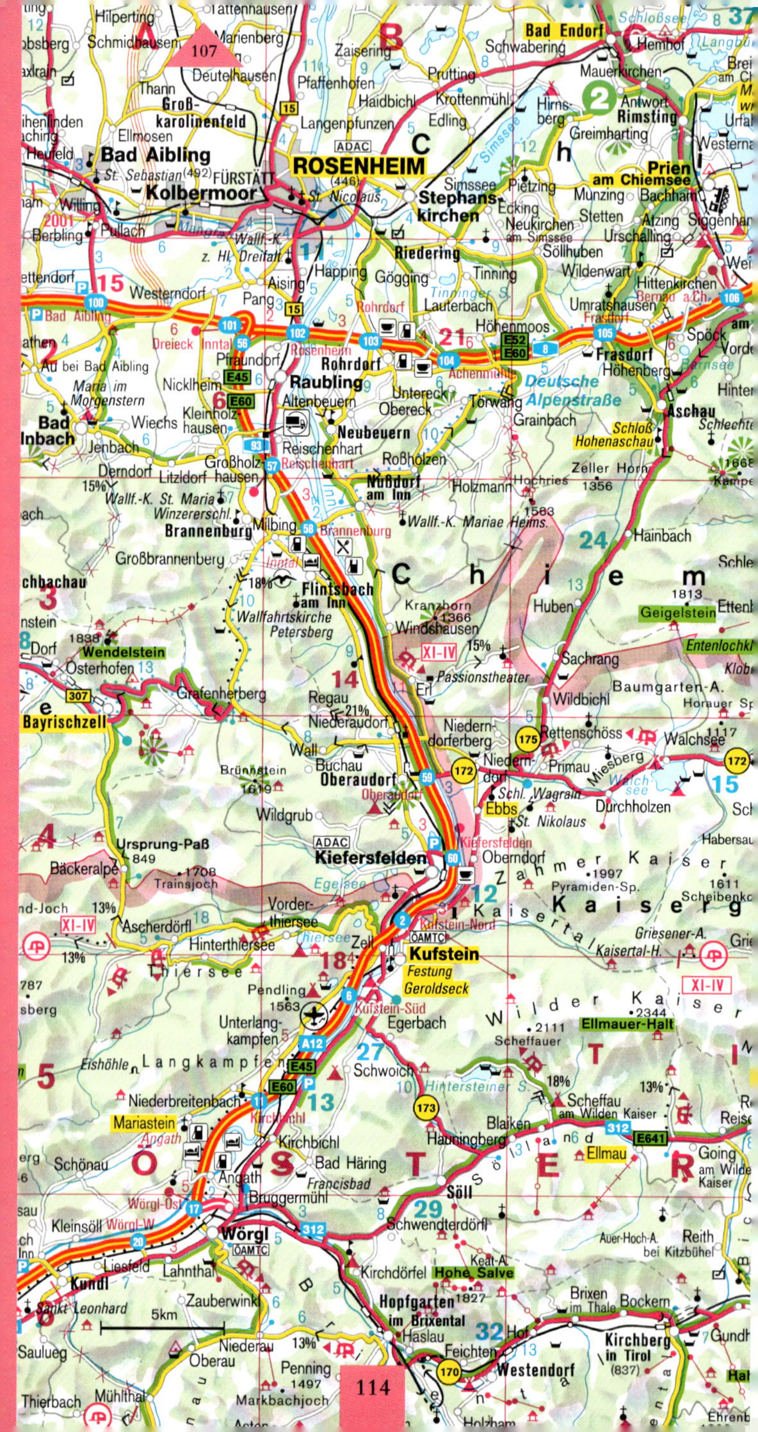

107
Bad Aibling
Kolbermoor
ROSENHEIM
Stephanskirchen
Prien am Chiemsee
Rimsting
Bad Endorf
Riedering
Rohrdorf
Raubling
Frasdorf
Aschau
Deutsche Alpenstraße
Schloß Hohenaschau
Neubeuern
Nußdorf am Inn
Brannenburg
Flintsbach am Inn
Bad Feilnbach
Bayrischzell
Wendelstein
Geigelstein
Oberaudorf
Kiefersfelden
Ebbs
Zahmer Kaiser
Kaisergebirge
Kufstein
Festung Geroldseck
Thiersee
Wilder Kaiser
Ellmauer-Halt
Scheffau am Wilden Kaiser
Ellmau
Going am Wilden Kaiser
Söll
Kirchbichl
Bad Häring
Wörgl
Kundl
Mariastein
Hopfgarten im Brixental
Hohe Salve
Westendorf
Kirchberg in Tirol
Brixen im Thale
ÖSTERREICH
Chiemgauer Alpen
5km
114

109
115
Chiemsee
Traunstein
Siegsdorf
Übersee
Grabenstätt
Chieming
Gstadt am Chiemsee
Klosterkirche
Frauenchiemsee
Schloß Herrenchiemsee
Bergen
Ruhpolding
Inzell
Grassau
Marquartstein
Unterwössen
Reit im Winkl
Kössen
Seegatterl
Winklmoosalm
Unken
Lofer
Waidring
St. Veit
Paß Strub
Sankt Martin bei Lofer
Sankt Johann in Tirol
Kitzbühel
Fieberbrunn
Hochfilzen
Grießen-Paß
Sankt Ulrich am Pillersee
Sankt Jakob in Haus
Deutsche Alpenstraße
Deutsche Ferienroute Alpen-Ostsee
Sonntagshorn
Hochfelln
Hochgern
Loferer Steinberge
Lamprechtsofenloch
Sperrgebiet
Kitzbüheler Horn
Chiemgauer Alpen

109
Traunstein (600)
Rettenbach
Wonneberg
Kirchberg
Aich
Ringham
Dorfen
Abtsdorf
Leustetten
Triebe
Nußdorf
Aiging
Weibhausen
Schönram
Steinbrünning
Wolkersdorf
Lauter
Wimmern
Saaldorf-
Traunstorf
Rückstetten
Lacken
Holzhausen
Erlstätt
Surberg
Mehring
Weildorf
Haslach
Seiboldsdorf
Oberteisendorf
Patting
Vachendorf
Knappenfeld
Neukirchen am Teisenberg
Teisendorf (503)
Straß
Freilass
(420)
Hochberg
Traunstein/Siegsdorf
Achthal
Niederstraß
Perach
Traundorf
Steinhögl
(451)
Ainring
Mitterfelden
Bergen
Bernhaupten
Vögling
Neukirchen
Siegsdorf (614)
Thundorf
Höglwörth
Teisen-Berg
Feldkirchen
Hammerau
Deutsche Ferienroute
Gr. Kachelstein 1234
1333
Hammer
Anger
Högl
Wallf.-K. Maria-Eck
Bergen
Alpen-Ostsee
E52
E60
Eisenärzt
Wagenau
Aufham
Jechling
Piding
Maria-Eck
Vordermiesenbach
Bad Urwies
Bad Reichenhall
Frillensee
Ruhpolding
Inzell
St. Nikolaus
St. Michael
Zwiesel 1781
Reichenh.-H.
1771
Hochstaufen
Mauthausen
Schwarzbach
Marzoll
Zell
Niederachen
Märchen-Familienpark
St. Georg
Vachenau
Schmelz
Weißbachfälle
Gletschergarten
Bad Reichenhall (470)
Weißbach
Brand
Kloster-K.
St. Zeno
Rausch-Bg.
Waich
Unternberg
1645
1671
Weißbach an der Alpenstraße
Thumsee
Großgmain
Paß Hall
1425
Laubau
Karlstein
Bayerisch Gmain
Deutsche Alpenstraße
Seehaus
Alpen
Saalach See
Predigtstuhl
693
Hot. Untersberg
Hotel
Ristfeucht-H.
1569
Saurüsse-K.
1271
Schneizlreuth
Fronau
Lattengebirge
Kar-K. 1738
Lödensee
Mittersee
Weitsee
Sonntagshorn
1961
Unterjettenberg
Winkl
Biosphäre Berchtesga
Wildalp-H.
Dürrenbach-H.
1690
1776
Fischbachfall
Hautal-H.
Niederland
Melleck
558
Oberjettenberg
Steinpaß
Deutsche Alpenstraße
Loipl
25%
Bischofswiese
(573
Winklmoosalm
18%
Unken
14%
12%
1758
Wartsteinkopf
Schwarzbachwacht-sattel
Deutsche Ferienroute Alpen-Ostsee
Bercht
Strub
Hoisenhöhe
Unkenberg
868
Scheibel-B.
1465
1228
Innersbachklamm
Schwarzbergklamm
Drei Brüder 1864
13%
Schwarzeck
Reit
Engedey
Goldloch
Reiteralm
Antonius-Kp.
Ramsau bei Berchtesgaden
Wimbachklamm
15%
Steinplatte
1869
Loferer Alpe
Maurach
Au
Grubhörnl
1747
Hintersee
Nationalpark
St. Veit
Strub
Paß Strub
677
Unterwasser
Lofer
Blaueis-H.
Steinberghöhle
2608
Hochkalter
Watzmann
Kön
Sankt Martin bei Lofer
656
Paß Luftenstein
23%
Teufelsklamm
Breithorn
2413
Mitterhorn
Wallfahrtsk. Maria Kirchental
23%
Hocheis-Sp.
2523
2713
Mittel-Sp.
St. Barth
Loferer Steinberge
2506
2511
Gr.Ochsenhorn
Hinterthal
23%
Wimbachgries-H.
Schul
Gedenkst
Pillersee
Sankt Ulrich am Pillersee
Seisenbergklamm
Vd. Kaserklamm
Saaleck
Lamprechtsofenloch
Weißbach bei Lofer
Bärenloch
Gr.Hundstod
2593
Berc
Dießbach-Stausee
Jakob
Haus
Flecken
Kirchel
1692
Gr. Rothorn
2405
Diesbach
Schindl-K.
2357
Steinernes
Buchensteinwand
1462
Oberwarming
Sperrgebiet
2486
Birnhorn
Peter Wiechenthaler H.
Schönfeld
Hochfilzen
Drei Zinthörner 2634
Leoganger Steinberge
2504
Breithorn
Spitze
Pfaffenschwendt
Grießen-Paß
Euring
Wiesing
ÖSTERR
5km
967
Lenzing
Einsiedelei
Schl. Lichtenberg
Hütten
Rain
Leogang
Saalfelden am Steinernen Meer
Spielberg-H.
2044
Schaubergwerk
Schultersbach-höhe
1473
Kehlbach
Ramseiden
Spielberg H.
1794
116
Maria Alm am Steinernen
Almdorf